DELIUS KLASING

Axel Bark

Kollisions-verhütungsregeln

Für den Sportschiffer

Amtliche deutsche Übersetzung –
herausgegeben und kommentiert
von Axel Bark

Delius Klasing Verlag

Von Axel Bark sind im Delius Klasing Verlag außerdem folgende Titel lieferbar:
Sportküstenschifferschein + Sportbootführerschein See
Übungen und Aufgaben SKS + SBF See
Sportbootführerschein See (Overschmidt/Bark)
Der Sportbootführerschein Binnen – Segel + Motor
Kartenaufgaben Sportküstenschifferschein (Bark/Beerfelde)

Bibliografische Information der Deutschen Nationalbibliothek

Die Deutsche Nationalbibliothek verzeichnet diese
Publikation in der Deutschen Nationalbibliografie;
detaillierte bibliografische Daten sind im Internet
über http://dnb.dnb.de abrufbar.

10. aktualisierte Auflage
ISBN 978-3-667-11745-8

Umschlaggestaltung: Ekkehard Schonart
Grafische Gestaltung und Zeichnungen: Françoise Pierzou
Druck: Kunst- und Werbedruck, Bad Oeynhausen
Printed in Germany 2019

Delius Klasing Verlag, Siekerwall 21, D-33602 Bielefeld
Tel.: 0521/559-0, Fax: 0521/559-115
E-Mail: info@delius-klasing.de
www.delius-klasing.de

Zu diesem Buch

Die *Internationalen Regeln von 1972 zur Verhütung von Zusammenstößen auf See* (Kollisionsverhütungsregeln – KVR) bilden die grundlegende Vorschrift zur Regelung der Sicherheit und Leichtigkeit des Verkehrs auf hoher See und den mit ihr zusammenhängenden Gewässern. Sie gelten weltweit und auch für den Sportbootfahrer, der ihre Vorschriften insbesondere aus Gründen der eigenen Sicherheit gut kennen sollte.

Das vorliegende Buch bereitet die *Kollisionsverhütungsregeln* **für den Gebrauch auf Sportbooten** und den **Unterricht für Sportbootführerscheine** in leicht verständlicher Form auf:

- Den einzelnen Teilen der KVR sind knappe **Zusammenfassungen** vorangestellt.
- Der **Gesetzestext** wird an vielen Stellen durch **Abbildungen** ergänzt, insbesondere bei den Fahr- und Ausweichregeln sowie im Abschnitt über Lichter und Signalkörper.
- Die für den Sportbootfahrer wichtigen Textstellen sind durch **Fettdruck** hervorgehoben.
- Die einzelnen Regeln werden durch **Fußnoten** kommentiert.

Neben den *Kollisionsverhütungsregeln* enthält dieser Band

- die *wichtige Verordnung zu den Internationalen Regeln von 1972 zur Verhütung von Zusammenstößen auf See* **(VO KVR)**
- eine **Tabelle** der *Sichtzeichen für kleine Fahrzeuge nach den KVR und der SeeSchStrO*
- eine Darstellung des deutschen **Betonnungssystems**
- eine **Karte** mit den Betonnungsregionen A und B

Inhalt

Einführung

Die *Internationalen Regeln von 1972 zur Verhütung von Zusammenstößen auf See*, kurz: *Kollisionsverhütungsregeln (KVR)* – Englisch: *Convention on the International Regulations for Preventing Collisions at Sea, 1972 (COLREGs)* –, wurden von der damaligen *Zwischenstaatlichen Beratenden Seeschifffahrts-Organisation (IMCO)* im Oktober 1972 verabschiedet und sind am 15. Juli 1977 in Kraft getreten (BGBl. II S. 1017).
Seitdem sind mehrfach Änderungen und Ergänzungen vorgenommen worden, zuletzt durch Beschluss der *Internationalen Seeschifffahrts-Organisation* (International Maritime Organization – IMO) vom November 2007.

Die Kollisionsverhütungsregeln sind folgendermaßen gegliedert (Schema nach Wolfgang Paul, Seeverkehrsrecht, Hamburg 1995):

<table>
<tr><td colspan="4">Teil A
Allgemeines
Anwendung, Verantwortlichkeit, Begriffsbestimmungen
(Regeln 1–3)</td></tr>
<tr><td colspan="2">Teil B
Ausweich- und Fahrregeln
(Regeln 4–19)</td><td rowspan="3">Teil C
Lichter und Signalkörper
(Regeln 20–31)
Anlage I
Anordnung und technische Einzelheiten der Lichter und Signalkörper
Anlage II
Zusatzsignale für nahe beieinander fischende Fahrzeuge</td><td rowspan="3">Teil D
Schall- und Lichtsignale
(Regeln 32–37)
Anlage III
Technische Einzelheiten der Schallsignalanlagen
Anlage IV
Notzeichen</td></tr>
<tr><td colspan="2">Abschnitt I
Verhalten von Fahrzeugen bei allen Sichtverhältnissen
(Regeln 4–10)</td></tr>
<tr><td>Abschnitt II
Verhalten von Fahrzeugen, die einander in Sicht haben
(Regeln 11–18)</td><td>Abschnitt III
Verhalten von Fahrzeugen bei verminderter Sicht
(Regel 19)</td></tr>
<tr><td colspan="4">Teil E
Befreiungen
(Regel 38)</td></tr>
</table>

Diese Darstellung soll verdeutlichen, dass *Teil A: Allgemeines und Teil E: Befreiungen* als Generalvorschriften für die gesamten KVR gelten. Das gleiche Prinzip gilt innerhalb von *Teil B: Ausweich- und Fahrregeln*. Dort stellen die Abschnitte II und III Sondervorschriften zu den in Abschnitt I zusammengefassten Generalvorschriften dar.

Internationale Regeln von 1972 zur Verhütung von Zusammenstößen auf See

– Kollisionsverhütungsregeln (KVR) –

Convention on the International Regulations
for Preventing Collisions at Sea, 1972
(COLREGs)

**in der amtlichen deutschen Übersetzung der
von der Zwischenstaatlichen Beratenden Seeschifffahrts-Organisation (IMCO)
am 20. Oktober 1972 verabschiedeten Fassung,
zuletzt geändert durch Beschluss der 25. Vollversammlung
der Internationalen Seeschifffahrts-Organisation (IMO)
vom 25. November 2007 (BGBl. 2009 I S. 647)**

Zusammenfassung: Geltungsbereich der KVR

Die KVR bilden das **internationale Seeverkehrsrecht.** Sie gelten weltweit auf Hoher See und den mit ihr zusammenhängenden und von Seeschiffen befahrbaren Gewässern (Regel 1a).
Auf den Küstenmeeren der seefahrenden Nationen können daneben **ergänzende nationale Seeverkehrsvorschriften** gelten, die von den KVR abweichen und als Sondervorschriften den Regelungen der KVR vorgehen (Regel 1b).

Auf dem **deutschen** Küstenmeer gelten neben den KVR die *Seeschifffahrtsstraßen-Ordnung (SeeSchStrO)* und im Mündungsgebiet von Ems und Leda die deutsch-niederländische *Schifffahrtsordnung Emsmündung (EmsSchO)*. Darüber hinaus bestehen auf manchen Hafengewässern Vorschriften, deren Regelungen der SeeSchStrO vorgehen. Widersprechen Vorschriften einander, so gilt die rangniedrigere Vorschrift, die ranghöhere kommt nur subsidiär zur Anwendung.

Das deutsche **Küstenmeer** erstreckt sich bis zu 12 Seemeilen seewärts der Basislinie. Die Basislinie ist die mittlere Niedrigwasserlinie, die in Seekarten mit großem Maßstab eingetragen ist.
Die meisten Vorschriften der SeeSchStrO gelten nur auf einem Teil des deutschen Küstenmeeres, nämlich auf den **Seeschifffahrtsstraßen.** Dies sind die Gewässer der 3-Seemeilen-Zone, die betonnten Fahrwasser innerhalb der 12-sm-Zone (Fahrwasser der Elbe und Weser) sowie Teile der angrenzenden Binnenwasserstraßen. Doch gelten einige Vorschriften der SeeSchStrO auch außerhalb der so definierten Seeschifffahrtsstraßen (= „eingeschränkte SeeSchStrO").

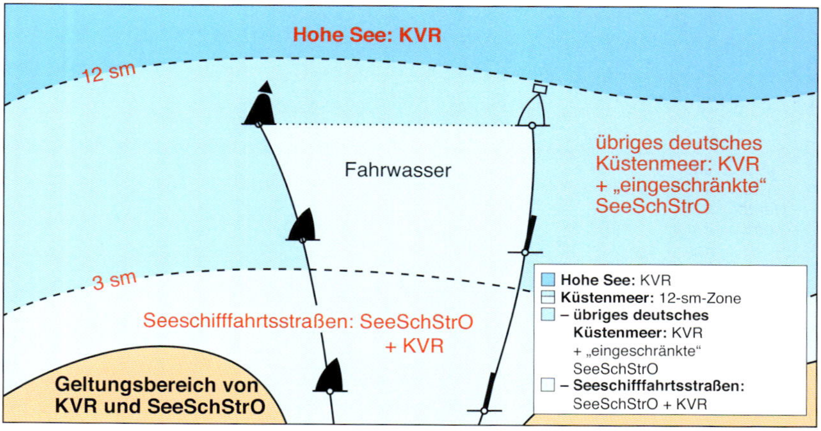

Teil A: Allgemeines

Regel 1 Anwendung

a) **Diese Regeln gelten für alle Fahrzeuge auf Hoher See und auf den mit dieser zusammenhängenden, von Seeschiffen befahrbaren Gewässern.**

b) **Diese Regeln berühren nicht die von einer zuständigen Behörde erlassenen Sondervorschriften**[1] **für Reeden, Häfen, Flüsse, Seen oder Binnengewässer, die mit der Hohen See zusammenhängen und von Seeschiffen befahrbar sind.** Solche Sondervorschriften müssen mit diesen Regeln soweit wie möglich übereinstimmen.

c) Diese Regeln berühren nicht die von der Regierung eines Staates erlassenen Sondervorschriften über zusätzliche Positions- oder Signallichter, Signalkörper oder Schallsignale für Kriegsschiffe und Fahrzeuge im Geleit oder über zusätzliche Positions- oder Signallichter oder Signalkörper für fischende Fahrzeuge in einer Fangflotte. Diese zusätzlichen Positions- oder Signallichter, Signalkörper oder Schallsignale müssen nach Möglichkeit so beschaffen sein, dass sie nicht mit einem anderen, nach diesen Regeln zulässigen Licht, Signalkörper oder Schallsignal verwechselt werden können.

d) Die Organisation[2] kann für die Zwecke dieser Regeln Verkehrstrennungsgebiete[3] festlegen.

e) In allen Fällen, in denen eine Regierung feststellt, dass ein Fahrzeug besonderer Bauart oder Verwendung eine Regel über Anzahl, Anbringung, Tragweite oder Sichtbereich von Lichtern oder Signalkörpern sowie über Anordnung und Eigenschaften von Schallsignalanlagen nicht in vollem Umfang befolgen kann, muss das Fahrzeug diejenigen sonstigen Bestimmungen über Anzahl, Anbringung, Tragweite oder Sichtbereich von Lichtern oder Signalkörpern sowie über die Anordnung und Eigenschaften von Schallsignalanlagen befolgen, die nach Auffassung der betreffenden Regierung diesen Regeln am nächsten kommen.

---

[1] In der Bundesrepublik Deutschland sind folgende Sondervorschriften zu berücksichtigen:
- *Seeschifffahrtsstraßen-Ordnung (SeeSchStrO)*
- *Schifffahrtsordnung Emsmündung (EmsSchO): Sie gilt aufgrund eines deutsch-niederländischen Abkommens im deutschen und niederländischen Mündungsgebiet der Ems und auf der Leda anstelle der SeeSchStrO.*
- *Hamburger Hafengesetz mit Durchführungsverordnung*
- *Hamburgische Hafenordnung für Cuxhaven*
- *Bremisches Hafengesetz*
- *Hafenordnung für die Häfen in Schleswig-Holstein*
- *Allgemeine Hafenordnung für die Häfen im Lande Niedersachsen*

[2] Gemeint ist die Internationale Seeschifffahrts-Organisation (IMO).

[3] Vgl. die besonderen Ausweich- und Fahrregeln für Verkehrstrennungsgebiete in Regel 10.

Regel 2 Verantwortlichkeit

a) **Diese Regeln befreien ein Fahrzeug, dessen Eigentümer, Kapitän oder Besatzung nicht von den Folgen, die durch unzureichende Einhaltung dieser Regeln oder unzureichende sonstige Vorsichtsmaßnahmen entstehen, welche allgemeine seemännische Praxis oder besondere Umstände des Falles erfordern[1].**

b) **Bei Auslegung und Befolgung dieser Regeln sind stets alle Gefahren der Schifffahrt und des Zusammenstoßes sowie alle besonderen Umstände einschließlich Behinderungen der betroffenen Fahrzeuge gebührend zu berücksichtigen, die zum Abwenden unmittelbarer Gefahr ein Abweichen von diesen Regeln erfordern[2].**

---

[1] *Regel 2 a) verlangt, dass die Verantwortlichen im Einzelfall* ***mehr tun müssen,*** *als die KVR vorschreiben. Dieses „Mehr" kann sich aus der allgemeinen seemännischen Praxis oder den besonderen Umständen ergeben.*
Der Schiffsführer darf sich also nicht auf bloßes Befolgen der KVR beschränken. Vielmehr können seemännische Praxis oder besondere Umstände im konkreten Einzelfall weitergehende Maßnahmen erfordern. Eine Kann- bzw. Darf-Vorschrift der KVR kann deshalb im Einzelfall zur Muss-Vorschrift werden. So kann z. B. in bestimmten Situationen die Erregung der Aufmerksamkeit eines anderen Fahrzeugs durch Hinweissignale (etwa durch Anstrahlen der Segel) gemäß Regel 36 geboten sein.

[2] *Regel 2 b) besagt, dass die Verantwortlichen im Einzelfall zum Abwenden unmittelbarer Gefahr von den KVR* ***abweichen müssen.*** *Eine solche unmittelbare Gefahr besteht, wenn ein Schaden ohne Gegenmaßnahme nicht vermieden werden kann.*

Regel 3 Allgemeine Begriffsbestimmungen

Soweit sich aus dem Zusammenhang nicht etwas anderes ergibt, gilt für diese Regeln Folgendes:

a) Der Ausdruck **„Fahrzeug"** umfasst alle Wasserfahrzeuge einschließlich nicht wasserverdrängender Fahrzeuge, Bodeneffektfahrzeuge und Wasserflugzeuge, die als Beförderungsmittel auf dem Wasser verwendet werden oder verwendet werden können.

b) Der Ausdruck **„Maschinenfahrzeug"** bezeichnet ein Fahrzeug mit Maschinenantrieb.

c) **Der Ausdruck „Segelfahrzeug" bezeichnet ein Fahrzeug unter Segel, dessen Maschinenantrieb, falls vorhanden, nicht benutzt wird[1].**

---

[1] *Ein Fahrzeug unter Segel, das gleichzeitig Maschinenkraft benutzt, gilt also als Maschinenfahrzeug. Dies betrifft insbesondere die Ausweichpflicht (Regeln 14, 15 und 18 a)) sowie die Führung der Lichter und Signalkörper (Regeln 23, 25 e)).*

d) Der Ausdruck „fischendes Fahrzeug" bezeichnet ein Fahrzeug, das mit Netzen, Leinen, Schleppnetzen oder anderen Fanggeräten fischt, welche die Manövrierfähigkeit einschränken, jedoch nicht ein Fahrzeug, das mit Schleppangeln oder anderen Fanggeräten fischt, welche die Manövrierfähigkeit nicht einschränken.
e) Der Ausdruck **„Wasserflugzeug"** bezeichnet ein zum Manövrieren auf dem Wasser eingerichtetes Luftfahrzeug.
f) Der Ausdruck **„manövrierunfähiges Fahrzeug"** bezeichnet ein Fahrzeug, das wegen außergewöhnlicher Umstände nicht so manövrieren kann, wie es diese Regeln vorschreiben, und daher einem anderen Fahrzeug nicht ausweichen[2] kann.
g) Der Ausdruck **„manövrierbehindertes Fahrzeug"** bezeichnet ein Fahrzeug, das durch die Art seines Einsatzes behindert ist so zu manövrieren, wie es diese Regeln vorschreiben, und daher einem anderen Fahrzeug nicht ausweichen[2] kann.
   Der Ausdruck „manövrierbehinderte Fahrzeuge" umfasst, ohne darauf beschränkt zu sein[3]:
   (i) ein Fahrzeug, das ein Seezeichen, Unterwasserkabel oder eine Rohrleitung auslegt, versorgt oder aufnimmt;
   (ii) ein Fahrzeug, das baggert, Forschungs- oder Vermessungsarbeiten oder Unterwasserarbeiten ausführt;
   (iii) ein Fahrzeug in Fahrt, das Versorgungsmanöver ausführt oder mit der Übergabe von Personen, Ausrüstung oder Ladung beschäftigt ist;
   (iv) ein Fahrzeug, auf dem Luftfahrzeuge starten oder landen;
   (v) ein Fahrzeug beim Minenräumen;
   (vi) ein Fahrzeug während eines Schleppvorgangs, bei dem das schleppende Fahrzeug und sein Anhang erheblich behindert sind vom Kurs abzuweichen.
h) Der Ausdruck **„tiefgangbehindertes Fahrzeug"** bezeichnet ein Maschinenfahrzeug, das durch seinen Tiefgang im Verhältnis zu der vorhandenen Tiefe und Breite des befahrbaren Gewässers erheblich behindert ist, von seinem zu verfolgenden Kurs abzuweichen.
i) Der Ausdruck **„in Fahrt"** bedeutet, dass ein Fahrzeug weder vor Anker liegt noch an Land festgemacht ist noch auf Grund sitzt[4].

---

[2] *Diesem Fahrzeug ist also grundsätzlich auszuweichen (Regel 18).*
Ein Segelfahrzeug in der Flaute ist in der Regel nicht manövrierunfähig, da Flaute kein außergewöhnlicher Umstand im Sinne dieser Vorschrift ist.

[3] *Vielfach werden diese 6 Fahrzeugarten kurz als „Sechsergruppe" bezeichnet.*

[4] *„In Fahrt" ist nicht identisch mit „Fahrt durchs Wasser" oder mit „Fahrt über Grund". Ein Fahrzeug macht „Fahrt durchs Wasser", sobald es „in Fahrt" ist und sich aufgrund seines Antriebs durch Maschine, Segel oder Ruder relativ zum Wasser bewegt. So macht beispielsweise ein in der Flaute liegendes Segelfahrzeug keine „Fahrt durchs Wasser", befindet sich aber sehr wohl „in Fahrt" im Sinn der KVR. Nicht „in Fahrt" befindet sich dagegen ein im Strom ankerndes Fahrzeug.*

j) Die Ausdrücke **„Länge“** und **„Breite“** eines Fahrzeugs bedeuten die Länge über alles und die größte Breite.
k) Fahrzeuge gelten nur dann als einander **in Sicht**[5] befindlich, wenn jedes vom anderen optisch wahrgenommen werden kann.
l) Der Ausdruck **„verminderte Sicht“** bezeichnet jeden Zustand, bei dem die Sicht durch Nebel, dickes Wetter, Schneefall, heftige Regengüsse, Sandstürme oder ähnliche Ursachen eingeschränkt ist.
m) Der Ausdruck **„Bodeneffektfahrzeug (BEF)“** bezeichnet ein in verschiedenen Betriebsweisen einsetzbares Fahrzeug, das in seiner Hauptbetriebsweise unter Ausnutzung des Bodeneffekts in nächster Nähe zur Oberfläche fliegt[6].

[5] *Nicht als „in Sicht“ befindlich gelten Fahrzeuge, die einander nur akustisch (etwa durch Nebelsignale) oder mit Radarhilfe wahrnehmen können.*
Dies ist von Bedeutung für die Anwendung der Ausweich- und Fahrregeln: Fahrzeuge in Sicht zueinander müssen den Vorschriften der Regeln 11 bis 18 folgen; Fahrzeuge, die einander nicht in Sicht haben, müssen die Regel 19 befolgen.

[6] *Ein Bodeneffektfahrzeug wird durch Luftpropeller angetrieben. Es fliegt unter Ausnutzung des sogenannten Bodeneffekts mit speziellen Lufttragflügeln nahe der Wasseroberfläche. Unter Bodeneffekt versteht man das physikalische Phänomen, dass das Auftriebs-Widerstands-Verhältnis in der Nähe des Bodens wesentlich günstiger als in der Luft ist.*

Zusammenfassung: Ausweich- und Fahrregeln bei allen Sichtverhältnissen

Ausguck halten (Regel 5)
Jedes Fahrzeug muss jederzeit gehörigen Ausguck halten.

Sichere Geschwindigkeit (Regel 6)
Jedes Fahrzeug muss jederzeit mit sicherer Geschwindigkeit fahren, sodass es geeignete und wirksame Maßnahmen treffen kann, um einen Zusammenstoß zu vermeiden, und innerhalb einer Entfernung zum Stehen gebracht werden kann, die den gegebenen Umständen und Bedingungen entspricht.
Sicher ist also die Geschwindigkeit, die es erlaubt, beim plötzlichen optischen Sichten eines anderen Fahrzeugs auf halber Sichtweite zum Stillstand zu kommen *(Half-Distance-Rule)*, oder dem anderen Fahrzeug durch ein regelgerechtes Ausweichmanöver aus dem Weg zu gehen *(Keep-off-Rule)*.

Möglichkeit der Gefahr eines Zusammenstoßes (Regel 7)
Jedes Fahrzeug muss mit allen verfügbaren Mitteln feststellen, ob die Möglichkeit der Gefahr eines Zusammenstoßes besteht. Im **Zweifelsfall** hat es diese Möglichkeit anzunehmen. Die Möglichkeit der Gefahr eines Zusammenstoßes besteht insbesondere dann, wenn sich die **Peilung** eines sich nähernden Fahrzeugs **nicht ändert** (Regel 7d)), siehe Abb. unten.

Ausweichpflicht und Kurshaltepflicht
Nähern sich zwei Fahrzeuge auf Kollisionskurs, müssen sie die Ausweichregeln der KVR befolgen (siehe S. 22 ff.). Diese unterscheiden zwischen Ausweichpflicht und Kurshaltepflicht; sie gewähren **kein Vorfahrtsrecht.**
Ob ein Fahrzeug ausweichpflichtig oder kurshaltepflichtig ist, ergibt sich aus der Lage der Fahrzeuge zueinander beim **ersten Sichtkontakt.**

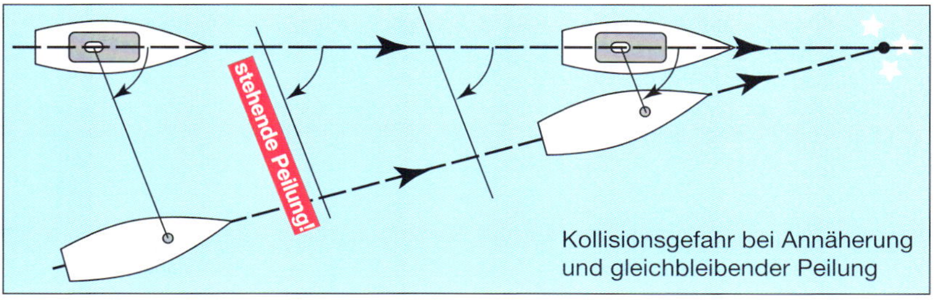

Kollisionsgefahr bei Annäherung und gleichbleibender Peilung

Der Kurshalter

- *muss* **Kurs und Geschwindigkeit beibehalten** (Regel 17 a) [i]),
- *muss* mindestens **fünf kurze,** rasch aufeinander folgende **Pfeifentöne** (Regel 34 d)) geben, falls er sich nicht sicher ist, ob das andere Fahrzeug seiner Ausweichpflicht nachkommt. (Die Pfeifentöne können durch synchrone Lichtsignale ergänzt werden.)
- *darf* zur Abwendung eines Zusammenstoßes selbst manövrieren, sobald klar wird, dass der Ausweichpflichtige seiner Ausweichpflicht nicht nachkommt (**Manöver des vorletzten Augenblicks,** Regel 17 a) [ii]),
- *muss,* falls das andere Fahrzeug dem Kurshalter so nahe kommt, dass es durch eigene Manöver einen Zusammenstoß nicht mehr vermeiden kann, so manövrieren, wie es zur Vermeidung eines Zusammenstoßes am dienlichsten ist (**Manöver des letzten Augenblicks,** Regel 17 b)).

Der Ausweichpflichtige

- *muss* möglichst frühzeitig und durchgreifend handeln, um sich vom anderen Fahrzeug gut klar zu halten (Regel 16),
- *muss* jede Kurs- und/oder Geschwindigkeitsänderung so deutlich vornehmen, dass der Kurshalter sie schnell erkennen kann, und *soll* eine Folge geringer Kurs- und/oder Geschwindigkeitsänderungen vermeiden (Regel 8 b)),
- *muss* (als Maschinenfahrzeug) Kursänderungen durch entsprechende Schallsignale anzeigen.

Enge Fahrwasser (Regel 9)

- **Rechts fahren:** Dem engen Fahrwasser folgende Fahrzeuge müssen sich so nahe wie möglich am äußeren Rand des Fahrwassers an seiner Steuerbordseite halten (Regel 9 a)).
- **Kleinfahrzeuge:** Ein Fahrzeug von weniger als 20 m Länge oder ein Segelfahrzeug darf nicht die Durchfahrt eines Fahrzeugs behindern, dass nur innerhalb eines engen Fahrwassers sicher fahren kann (Regel 9 b)).

Alle **Fahrwasser der deutschen Seeschifffahrtsstraßen** sind enge Fahrwasser im Sinne der KVR.

Verkehrstrennungsgebiete – VTG / Traffic Separation Scheme – TSS (Regel 10)

- **Allgemein gilt:** Im VTG gelten die KVR. Fahrzeuge, die dem VTG folgen, haben keine „Vorfahrt“ gegenüber querenden und anderen Fahrzeugen.
- **Queren:** Ein Fahrzeug muss das Queren eines Einbahnwegs **möglichst vermeiden.** Ist es aber zum Queren gezwungen, so muss dies mit der Kielrichtung im rechten Winkel zur allgemeinen Verkehrsrichtung erfolgen. Dies gilt auch bei Wind- oder Stromversetzung.
- **Kleinfahrzeuge:** Fahrzeuge von weniger als 20 m Länge oder Segelfahrzeuge dürfen die sichere Durchfahrt eines Maschinenfahrzeugs nicht behindern.

Teil B: Ausweich- und Fahrregeln

Abschnitt I – Verhalten von Fahrzeugen bei allen Sichtverhältnissen

Regel 4 Anwendung

Die Regeln dieses Abschnitts gelten bei allen Sichtverhältnissen.

Regel 5 Ausguck

Jedes Fahrzeug muss jederzeit durch Sehen und Hören sowie durch jedes andere verfügbare Mittel, das den gegebenen Umständen und Bedingungen entspricht, **gehörigen Ausguck halten,** der einen vollständigen Überblick über die Lage und die Möglichkeit der Gefahr eines Zusammenstoßes gibt.

Regel 6 Sichere Geschwindigkeit

Jedes Fahrzeug muss jederzeit mit einer sicheren Geschwindigkeit[1] fahren, sodass es geeignete und wirksame Maßnahmen treffen kann, um einen Zusammenstoß zu vermeiden, und innerhalb einer Entfernung zum Stehen gebracht werden kann, die den gegebenen Umständen und Bedingungen entspricht.
Zur Bestimmung der sicheren Geschwindigkeit müssen unter anderem folgende Umstände berücksichtigt werden:

a) Von allen Fahrzeugen:
   (i) die Sichtverhältnisse;
   (ii) die Verkehrsdichte einschließlich Ansammlungen von Fischerei- oder sonstigen Fahrzeugen;
   (iii) die Manövrierfähigkeit des Fahrzeugs unter besonderer Berücksichtigung der Stoppstrecke und der Dreheigenschaften unter den gegebenen Bedingungen;
   (iv) bei Nacht eine Hintergrundhelligkeit, z. B. durch Lichter an Land oder eine Rückstrahlung der eigenen Lichter;
   (v) die Wind-, Seegangs- und Strömungsverhältnisse sowie die Nähe von Schifffahrtsgefahren;
   (vi) der Tiefgang im Verhältnis zur vorhandenen Wassertiefe.

b) Zusätzlich von Fahrzeugen mit betriebsfähigem Radar:
   (i) die Eigenschaften, die Wirksamkeit und die Leistungsgrenzen der Radaranlagen;
   (ii) jede Einschränkung, die sich aus dem eingeschalteten Entfernungsbereich des Radars ergibt;

---

[1] *Siehe hierzu auch Anm. 2 zu Regel 19 (S. 29)*

(iii) der Einfluss von Seegang, Wetter und anderen Störquellen auf die Radaranzeige;
(iv) die Möglichkeit, dass kleine Fahrzeuge, Eis und andere schwimmende Gegenstände durch Radar nicht innerhalb einer ausreichenden Entfernung geortet werden;
(v) Die Anzahl, die Lage und die Bewegung der vom Radar georteten Fahrzeuge;
(vi) die genauere Feststellung der Sichtweite, die der Gebrauch des Radars durch Entfernungsmessung in der Nähe von Fahrzeugen oder anderen Gegenständen ermöglicht.

Regel 7 Möglichkeit der Gefahr eines Zusammenstoßes

a) **Jedes Fahrzeug muss mit allen verfügbaren Mitteln entsprechend den gegebenen Umständen und Bedingungen feststellen, ob die Möglichkeit der Gefahr eines Zusammenstoßes besteht. Im Zweifelsfall ist diese Möglichkeit anzunehmen.**
b) Um die frühzeitige Warnung vor der Möglichkeit der Gefahr eines Zusammenstoßes zu erhalten, muss eine vorhandene und betriebsfähige Radaranlage gehörig gebraucht werden, und zwar einschließlich der Anwendung der großen Entfernungsbereiche, des Plottens oder eines gleichwertig systematischen Verfahrens zur Überwachung georteter Objekte.
c) Folgerungen aus unzulänglichen Informationen, insbesondere aus unzulänglichen Radarinformationen, müssen unterbleiben.
d) Bei der Feststellung, ob die Möglichkeit der Gefahr eines Zusammenstoßes besteht, muss unter anderem Folgendes berücksichtigt werden:
(i) **Eine solche Möglichkeit ist anzunehmen, wenn die Kompasspeilung eines sich nähernden Fahrzeugs sich nicht merklich ändert[1];**
(ii) eine solche Möglichkeit kann manchmal auch bestehen, wenn die Peilung sich merklich ändert, insbesondere bei der Annäherung an ein sehr großes Fahrzeug, an einen Schleppzug oder an ein Fahrzeug nahebei.

[1] Kollisionskurs bzw. die Gefahr eines Zusammenstoßes besteht immer bei gleichbleibender Peilung und ständiger Annäherung eines anderen Fahrzeugs („Peilung steht“).
Dies gilt natürlich nicht nur für eine Kompasspeilung, sondern ebenso für eine Seitenpeilung.

Regel 8 Manöver zur Vermeidung von Zusammenstößen

a) **Jedes Manöver zur Vermeidung eines Zusammenstoßes muss in Übereinstimmung mit den Regeln dieses Textes erfolgen und, wenn es die Umstände zulassen, entschlossen, rechtzeitig und so ausgeführt werden, wie gute Seemannschaft es erfordert.**

b) **Jede Änderung des Kurses und/oder der Geschwindigkeit zur Vermeidung eines Zusammenstoßes muss, wenn es die Umstände zulassen, so groß sein, dass ein anderes Fahrzeug optisch oder durch Radar sie schnell erkennen kann; aufeinander folgende kleine Änderungen des Kurses und/oder der Geschwindigkeit sollen vermieden werden.**

c) **Ist genügend Seeraum vorhanden, so kann eine Kursänderung allein die wirksamste Maßnahme zum Meiden des Nahbereichs sein, vorausgesetzt, dass sie rechtzeitig vorgenommen wird, durchgreifend ist und nicht in einen anderen Nahbereich führt.**

d) **Ein Manöver zur Vermeidung eines Zusammenstoßes mit einem anderen Fahrzeug muss zu einem sicheren Passierabstand führen. Die Wirksamkeit des Manövers muss sorgfältig überprüft werden, bis das andere Fahrzeug endgültig vorbei und klar ist.**

e) **Um einen Zusammenstoß zu vermeiden oder mehr Zeit zur Beurteilung der Lage zu gewinnen, muss ein Fahrzeug erforderlichenfalls seine Fahrt mindern oder durch Stoppen oder Rückwärtsgehen jegliche Fahrt wegnehmen.**

f) (i) **Ein Fahrzeug, das aufgrund einer dieser Regeln verpflichtet ist, die Durchfahrt oder die sichere Durchfahrt eines anderen Fahrzeugs nicht zu behindern, muss, wenn es die Umstände erfordern, frühzeitig Maßnahmen ergreifen, um genügend Raum für die sichere Durchfahrt des anderen Fahrzeugs zu lassen.**

(ii) Ein Fahrzeug, das verpflichtet ist, die Durchfahrt oder die sichere Durchfahrt eines anderen Fahrzeugs nicht zu behindern, ist von dieser Verpflichtung nicht befreit, wenn es sich dem anderen Fahrzeug so nähert, dass die Möglichkeit der Gefahr eines Zusammenstoßes besteht, und muss, wenn es Maßnahmen ergreift, in vollem Umfang die Maßnahmen berücksichtigen, die nach den Regeln dieses Teils vorgeschrieben sind.

(iii) Ein Fahrzeug, dessen Durchfahrt nicht behindert werden darf, bleibt in vollem Umfang verpflichtet, die Regeln dieses Teils einzuhalten, wenn die beiden Fahrzeuge sich einander so nähern, dass die Möglichkeit der Gefahr eines Zusammenstoßes besteht.

Regel 9 Enge Fahrwasser

a) Ein Fahrzeug, das der Richtung eines engen Fahrwassers[1] oder einer Fahrrinne folgt, muss sich so nahe am äußeren Rand des Fahrwassers oder Fahrrinne an seiner Steuerbordseite halten, wie dies ohne Gefahr möglich ist.

b) **Ein Fahrzeug von weniger als 20 Meter Länge oder ein Segelfahrzeug[2] darf nicht die Durchfahrt eines Fahrzeugs behindern, das nur innerhalb eines engen Fahrwassers oder einer Fahrrinne sicher fahren kann[3].**

c) Ein fischendes Fahrzeug darf nicht die Durchfahrt eines anderen Fahrzeugs behindern, das innerhalb eines engen Fahrwassers oder einer Fahrrine fährt.

d) Ein Fahrzeug darf ein enges Fahrwasser oder eine Fahrrinne nicht queren, wenn dadurch die Durchfahrt eines Fahrzeugs behindert wird, das nur innerhalb eines solchen Fahrwassers oder einer solchen Fahrrinne sicher fahren kann. Das letztere Fahrzeug darf das in Regel 34 Buchstabe d vorgeschriebene Schallsignal geben, wenn es **über die Absichten des querenden Fahrzeugs im Zweifel** ist.

e) (i) Kann in einem engen Fahrwasser oder in einer Fahrrinne nur dann sicher **überholt** werden, wenn das zu überholende Fahrzeug mitwirkt, so muss das überholende Fahrzeug seine Absicht durch das entsprechende Signal nach Regel 34 Buchstabe c Ziffer i anzeigen. Ist das zu überholende Fahrzeug einverstanden, so muss es das entsprechende Signal nach Regel 34 Buchstabe c Ziffer ii geben und Maßnahmen für ein sicheres Passieren treffen. Im Zweifelsfall darf es die in Regel 34 Buchstabe d vorgeschriebenen Signale geben.

(ii) Diese Regel befreit das überholende Fahrzeug nicht von seiner Verpflichtung nach Regel 13.

f) Ein Fahrzeug, das sich einer **Krümmung** oder einem Abschnitt eines engen Fahrwassers oder einer Fahrrinne nähert, wo andere Fahrzeuge durch ein dazwischen liegendes Sichthindernis verdeckt sein können, muss mit besonderer Aufmerksamkeit und Vorsicht fahren und das entsprechende Signal nach Regel 34 Buchstabe e geben.

g) Jedes Fahrzeug muss, wenn es die Umstände zulassen, das **Ankern** in einem engen Fahrwasser vermeiden.

---

[1] *Alle Fahrwasser der deutschen Seeschifffahrtsstraßen gelten als „enge Fahrwasser" im Sinn der KVR (§ 2 Abs. 1 Nr. 1 SeeSchStrO), auf denen also die Vorschriften der Regel 9 zu beachten sind.*

[2] *Gleichgültig, wie lang es ist.*

[3] *Dieses Gebot geht den Ausweichregeln der Regeln 12 ff. vor. Das bedeutet, dass ein kleines Fahrzeug im engen Fahrwasser so manövrieren muss, dass die Ausweichregeln Fahrzeugen gegenüber, die auf das Fahrwasser angewiesen sind, überhaupt nicht zur Anwendung kommen können. Das Gleiche gilt in Verkehrstrennungsgebieten gegenüber Maschinenfahrzeugen (Regel 10 j)).*

Regel 10 Verkehrstrennungsgebiete

a) Diese Regel gilt in Verkehrstrennungsgebieten, die von der Organisation[1] festgelegt worden sind[2]; sie befreit ein Fahrzeug nicht von seiner Verpflichtung aufgrund einer anderen Regel.

b) **Ein Fahrzeug, das ein Verkehrstrennungsgebiet benutzt, muss**
   (i) **auf dem entsprechenden Einbahnweg in der allgemeinen Verkehrsrichtung dieses Weges fahren;**
   (ii) **sich, soweit möglich, von der Trennlinie oder Trennzone klarhalten;**
   (iii) **in der Regel an den Enden des Einbahnweges ein- oder auslaufen; wenn es jedoch von der Seite ein- oder ausläuft, muss dies in einem möglichst kleinen Winkel zur allgemeinen Verkehrsrichtung erfolgen.**

c) **Ein Fahrzeug muss soweit wie möglich das Queren von Einbahnwegen vermeiden; ist es jedoch zum Queren gezwungen, so muss dies möglichst mit der Kielrichtung im rechten Winkel zur allgemeinen Verkehrsrichtung erfolgen.**

d) (i) Ein Fahrzeug darf eine **Küstenverkehrszone** nicht benutzen, wenn es den entsprechenden Einbahnweg des angrenzenden Verkehrstrennungsgebiets sicher befahren kann. **Fahrzeuge von weniger als 20 Meter Länge, Segelfahrzeuge und fischende Fahrzeuge dürfen die Küstenverkehrszone jedoch benutzen.**
   (ii) Ungeachtet der Ziffer (i) darf ein Fahrzeug eine Küstenverkehrszone benutzen, wenn es sich auf dem Weg zu oder von einem Hafen, einer Einrichtung oder einem Bauwerk vor der Küste, einer Lotsenstation oder einem sonstigen innerhalb der Küstenverkehrszone gelegenen Ort befindet oder zur Abwendung einer unmittelbaren Gefahr.

e) Außer beim Queren oder beim Einlaufen in einen Einbahnweg oder beim Verlassen eines Einbahnwegs darf ein Fahrzeug in der Regel nicht in eine Trennzone einlaufen oder eine Trennlinie überfahren, ausgenommen
   (i) in Notfällen zur Abwendung einer unmittelbaren Gefahr;
   (ii) zum Fischen innerhalb einer Trennzone.

f) Im Bereich des Zu- und Abgangs der Verkehrstrennungsgebiete muss ein Fahrzeug mit besonderer Vorsicht fahren.

g) **Ein Fahrzeug muss das Ankern innerhalb eines Verkehrstrennungsgebiets oder im Bereich des Zu- und Abgangs soweit wie möglich vermeiden.**

h) Ein Fahrzeug, das ein Verkehrstrennungsgebiet nicht benutzt, muss von diesem einen möglichst großen Abstand halten.

---

[1] Gemeint ist die Internationale Seeschifffahrts-Organisation (IMO).

[2] Die von der IMO festgelegten Verkehrstrennungsgebiete werden regelmäßig in der „Jährlichen Beilage" zu Heft 1 der Nachrichten für Seefahrer (NfS) veröffentlicht. Daneben gibt es Verkehrstrennungsgebiete in nationalen Gewässern, die nicht von der IMO festgelegt wurden und in denen zum Teil von Regel 10 abweichende nationale Vorschriften gelten.

i) Ein fischendes Fahrzeug darf die Durchfahrt eines Fahrzeugs auf dem Einbahnweg nicht behindern.

j) **Ein Fahrzeug von weniger als 20 Meter Länge oder ein Segelfahrzeug darf die sichere Durchfahrt eines Maschinenfahrzeugs auf dem Einbahnweg nicht behindern.**

k) Ein manövrierbehindertes Fahrzeug, das in einem Verkehrstrennungsgebiet Arbeiten zur Aufrechterhaltung der Sicherheit der Schifffahrt durchführt, ist von der Befolgung dieser Regel befreit, soweit dies zur Ausführung der Arbeiten erforderlich ist.

l) Ein manövrierbehindertes Fahrzeug, das in einem Verkehrstrennungsgebiet Unterwasserkabel auslegt, versorgt oder aufnimmt, ist von der Befolgung dieser Regel befreit, soweit dies zur Ausführung der Arbeiten erforderlich ist.

Zusammenfassung: Ausweich- und Fahrregeln für Fahrzeuge, die einander in Sicht haben

1. Überholen

Ein überholendes Fahrzeug ist auf jeden Fall ausweichpflichtig (Regel 13 a)). Als Überholer gilt, wer sich einem anderen Fahrzeug beim ersten Sichtkontakt aus dessen Hecklichtsektor nähert (Regel 13 b)). Dies gilt auch tagsüber. Im Zweifel hat man davon auszugehen, dass man überholendes Fahrzeug ist (Regel 13 c)).

2. Segelfahrzeuge untereinander

Segelfahrzeuge, deren Maschinenkraft benutzt wird, gelten als Maschinenfahrzeuge (Regel 3 c)) und haben deshalb die Ausweichregeln für Maschinenfahrzeuge zu befolgen.
Im Übrigen gilt:

- Haben zwei Segelfahrzeuge den Wind nicht von derselben Seite, so muss das Fahrzeug, das den Wind von Bb hat, dem anderen ausweichen (Regel 12 a) [i]).

- Haben zwei Segelfahrzeuge den Wind von derselben Seite, so muss das luvwärtige dem leewärtigen ausweichen (Regel 12 a) [ii]).
- Kann ein Segelfahrzeug mit Wind von Bb nicht mit Sicherheit feststellen, ob ein sich von Luv näherndes Fahrzeug den Wind von Bb oder von Stb hat (etwa wenn es nachts ein grünes Seitenlicht an Bb voraus sichtet, vgl. Skizze auf S. 25), muss es dem anderen ausweichen (Regel 12 a) [iii]). Diese Regel beseitigt eine Unsicherheit, da in der beschriebenen Situation oft erst im letzten Moment festgestellt werden kann, ob Ausweichpflicht besteht oder nicht.
- Das überholende Fahrzeug ist ausweichpflichtig (Regel 13).

3. Segelfahrzeuge und andere Fahrzeuge

Ein Segelfahrzeug muss ausweichen
- einem manövrierunfähigen Fahrzeug,
- einem manövrierbehinderten Fahrzeug und
- einem fischenden Fahrzeug,

es sei denn, diese Fahrzeuge überholen das Segelfahrzeug (Regel 18 b)). Außerdem muss es vermeiden, die sichere Durchfahrt eines tiefgangbehinderten Fahrzeugs zu behindern (Regel 18 d) [i]).

4. Maschinenfahrzeuge untereinander

- Nähern sich zwei Maschinenfahrzeuge auf (fast) entgegengesetzten Kursen so, dass Kollisionsgefahr besteht (etwa wenn beide Seitenlichter des entgegenkommenden Fahrzeugs sichtbar sind), muss jedes seinen Kurs so nach Stb ändern, dass sie einander an Bb passieren (Regel 14).
- Kreuzen sich die Kurse zweier Maschinenfahrzeuge derart, dass Kollisionsgefahr besteht, muss dasjenige ausweichen, welches das andere an seiner Stb-Seite hat (= „rechts vor links") (Regel 15). Beim Ausweichen sollte nicht der Bug des anderen Fahrzeugs gekreuzt, sondern dessen Heck passiert werden (Regel 15).
- Das überholende Fahrzeug ist ausweichpflichtig (Regel 13).

5. Maschinenfahrzeuge und andere Fahrzeuge

Ein Maschinenfahrzeug muss ausweichen
- einem manövrierunfähigen Fahrzeug,
- einem manövrierbehinderten Fahrzeug,
- einem fischenden Fahrzeug und
- einem Segelfahrzeug,

es sei denn, diese Fahrzeuge überholen das Maschinenfahrzeug (Regel 18 a)). Außerdem muss es vermeiden, die sichere Durchfahrt eines tiefgangbehinderten Fahrzeugs zu behindern (Regel 18 d) [i]).

Abschnitt II – Verhalten von Fahrzeugen, die einander in Sicht haben

Regel 11 Anwendung

Die Regeln dieses Abschnitts gelten für Fahrzeuge, die einander in Sicht haben.

Regel 12 Segelfahrzeuge

a) **Wenn zwei Segelfahrzeuge[1] sich einander so nähern, dass die Möglichkeit der Gefahr eines Zusammenstoßes besteht, muss das eine dem anderen wie folgt ausweichen:**
   (i) **Wenn sie den Wind nicht von derselben Seite haben, muss das Fahrzeug, das den Wind von Backbord hat, dem anderen ausweichen;**
   (ii) **wenn sie den Wind von derselben Seite haben, muss das luvwärtige Fahrzeug dem leewärtigen ausweichen;**
   (iii) **wenn ein Fahrzeug mit Wind von Backbord ein Fahrzeug in Luv sichtet und nicht mit Sicherheit feststellen kann, ob das andere Fahrzeug den Wind von Backbord oder von Steuerbord hat, muss es dem anderen ausweichen.**

b) **Im Sinne dieser Regel ist die Luvseite diejenige Seite, die dem gesetzten Großsegel gegenüber liegt, auf Rahseglern diejenige Seite, die dem größten gesetzten Schratsegel gegenüber liegt.**

[1] *Vgl. Regel 3 c).*

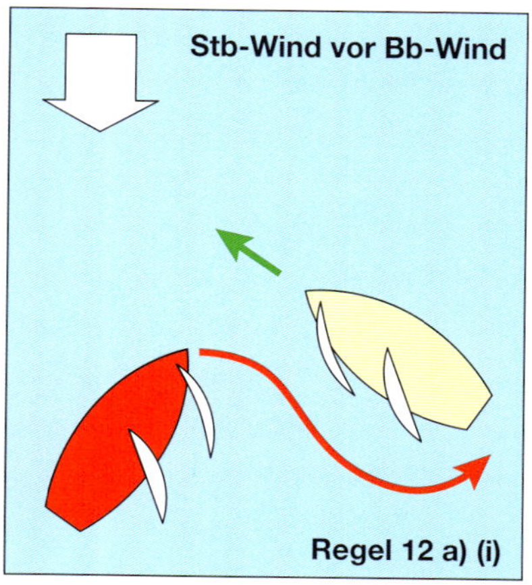

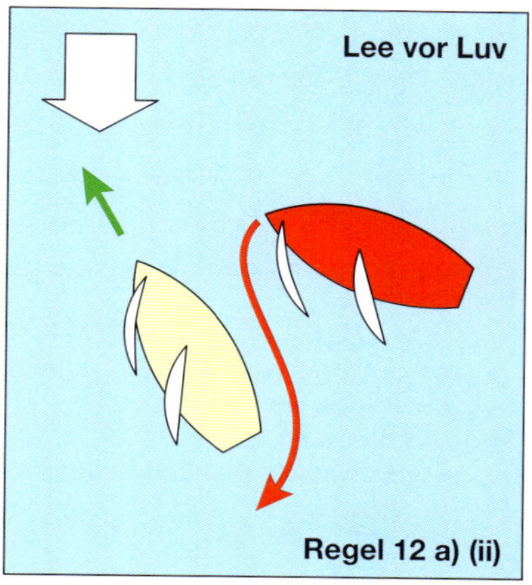

Regel 13 Überholen

a) **Ungeachtet der Regel des Teils B Abschnitt I und II muss jedes Fahrzeug beim Überholen dem anderen ausweichen.**

b) **Ein Fahrzeug gilt als überholendes Fahrzeug, wenn es sich einem anderen aus einer Richtung von mehr als 22,5 Grad achterlicher als querab nähert[1] und daher gegenüber dem zu überholenden Fahrzeug so steht, dass es bei Nacht nur dessen Hecklicht, aber keines der Seitenlichter sehen könnte[2].**

c) **Kann ein Fahrzeug nicht sicher erkennen, ob es ein anderes überholt, so muss es dies annehmen und entsprechend handeln.**

d) **Durch eine spätere Änderung der Peilung wird das überholende Fahrzeug weder zu einem kreuzenden[3] im Sinne dieser Regeln, noch wird es von der Verpflichtung entbunden, dem anderen Fahrzeug auszuweichen, bis es dieses klar passiert hat.**

---

[1] *Also genau aus dem Hecklichtsektor, vgl. Regel 21 c). Dies gilt natürlich auch tagsüber. Beachte dann Regel 13 c).*

[2] *Ob eine Situation der Regel 13, 14 oder 15 vorliegt, entscheidet sich beim ersten Sichtkontakt. Danach darf das nicht ausweichpflichtige Fahrzeug (= Kurshalter) nur noch bedingt von seinem Kurs abweichen (vgl. Regel 17 a) [ii] und 17 b)). Das ausweichpflichtige Fahrzeug hat seine Manöver durch Signale nach Regel 34 anzuzeigen.*

[3] *Vgl. Regel 15.*

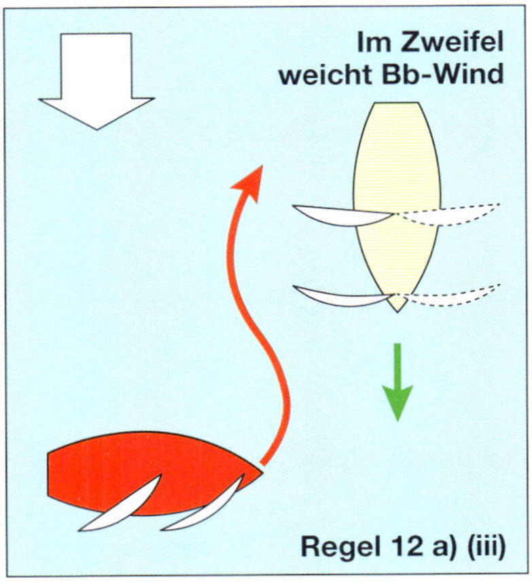

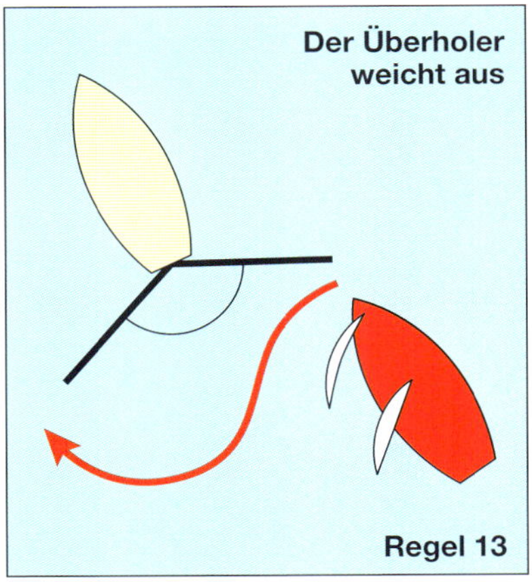

Regel 14 Entgegengesetzte Kurse

a) **Wenn zwei Maschinenfahrzeuge auf entgegengesetzten oder fast entgegengesetzten Kursen sich einander so nähern, dass die Möglichkeit der Gefahr eines Zusammenstoßes besteht, muss jedes seinen Kurs nach Steuerbord so ändern, dass sie einander an Backbordseite passieren.**

b) **Eine solche Lage muss angenommen werden, wenn ein Fahrzeug das andere recht voraus oder fast recht voraus sieht, bei Nacht die Topplichter des anderen in Linie oder fast in Linie und/oder beide Seitenlichter sieht und am Tage das andere Fahrzeug dementsprechend ausmacht.**

c) **Kann ein Fahrzeug nicht sicher erkennen, ob eine solche Lage besteht, so muss es von dieser ausgehen und entsprechend handeln.**

Regel 15 Kreuzende Kurse

Wenn die Kurse zweier Maschinenfahrzeuge einander so kreuzen, dass die Möglichkeit der Gefahr eines Zusammenstoßes besteht, muss dasjenige ausweichen, welches das andere an seiner Steuerbordseite hat; wenn die Umstände es zulassen, muss es vermeiden, den Bug des anderen Fahrzeugs zu kreuzen.

Regel 16 Maßnahmen des Ausweichpflichtigen

Jedes ausweichpflichtige Fahrzeug muss möglichst frühzeitig und durchgreifend handeln, um sich gut klar zu halten.

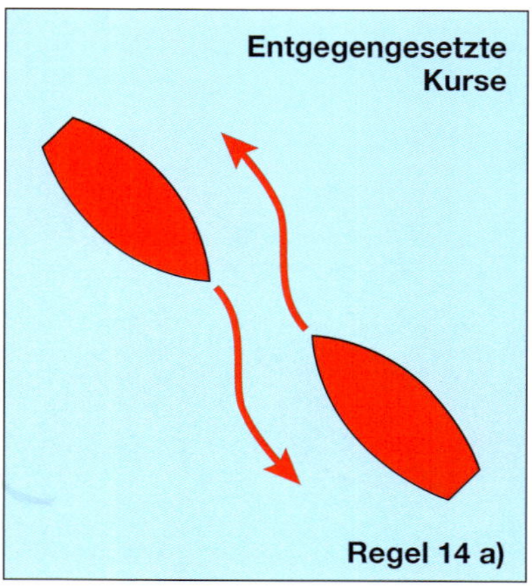

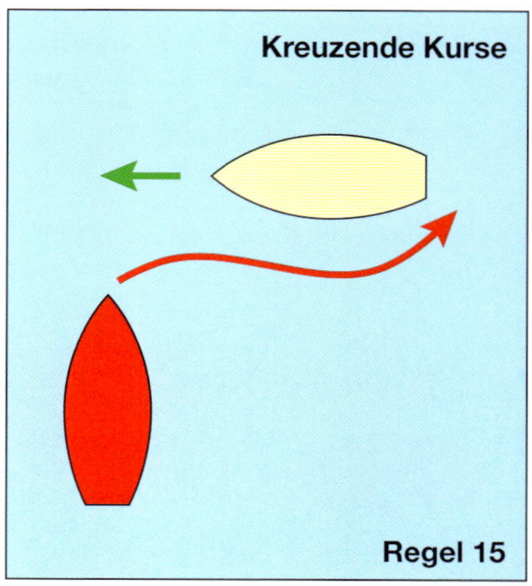

Regel 17 Maßnahmen des Kurshalters

a) (i) **Muss von zwei Fahrzeugen eines ausweichen, so muss das andere Kurs und Geschwindigkeit beibehalten (Kurshalter).**
   (ii) **Der Kurshalter darf jedoch zur Abwendung eines Zusammenstoßes selbst manövrieren sobald klar wird, dass der Ausweichpflichtige nicht angemessen nach diesen Regeln handelt[1].**

b) **Ist der Kurshalter dem Ausweichpflichtigen aus irgendeinem Grund so nahe gekommen, dass ein Zusammenstoß durch Manöver des letzteren allein nicht vermieden werden kann, so muss der Kurshalter so manövrieren, wie es zur Vermeidung eines Zusammenstoßes am dienlichsten ist.**

c) **Ein Maschinenfahrzeug, das bei kreuzenden Kursen nach Buchstabe a Ziffer ii manövriert, um einen Zusammenstoß mit einem anderen Maschinenfahrzeug zu vermeiden, darf seinen Kurs, sofern die Umstände es zulassen, gegenüber einem Fahrzeug an seiner Backbordseite nicht nach Backbord ändern[2].**

d) Diese Regel befreit das ausweichpflichtige Fahrzeug nicht von seiner Ausweichpflicht.

---

[1] *Ein derartiges Manöver ist durch ein Signal gemäß Regel 34 anzuzeigen.*

[2] *Diese Regel will eine Kollision verhindern, falls das ausweichpflichtige Fahrzeug doch noch seiner Ausweichpflicht nachkommen sollte. Auf Segelfahrzeuge ist diese Vorschrift nicht ohne weiteres übertragbar, da für sie andere Ausweichregeln gelten. So kann es für eine Segelyacht in dieser Situation durchaus sinnvoll sein, ihren Kurs nach Backbord zu ändern (vgl. Skizze). Auf jeden Fall sollte man in Fahrtrichtung des Kollisionsgegners ausweichen.*

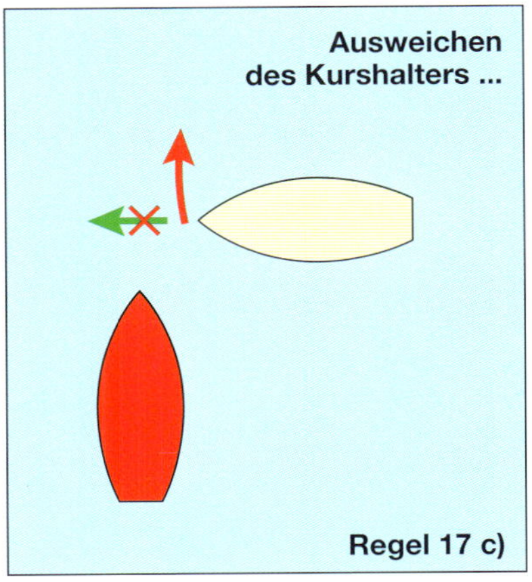

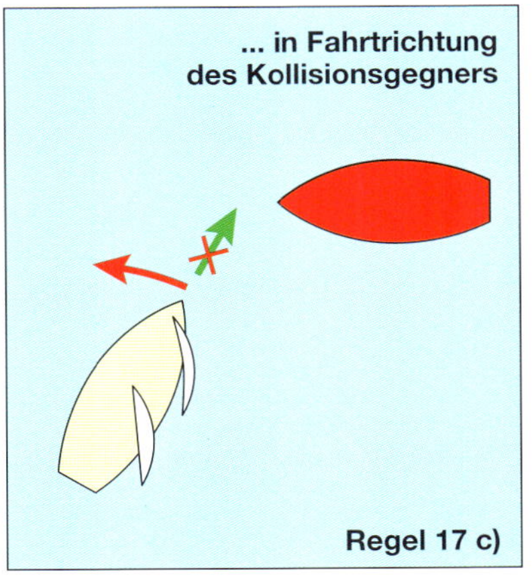

Regel 18 Verantwortlichkeit der Fahrzeuge untereinander

Sofern in den Regeln 9, 10 und 13 nicht etwas anderes bestimmt ist[1], gilt Folgendes:

a) **Ein Maschinenfahrzeug in Fahrt[2] muss ausweichen**
   (i) **einem manövrierunfähigen Fahrzeug;**
   (ii) **einem manövrierbehinderten Fahrzeug;**
   (iii) **einem fischenden Fahrzeug;**
   (iv) **einem Segelfahrzeug.**

b) **Ein Segelfahrzeug[3] in Fahrt[2] muss ausweichen**
   (i) **einem manövrierunfähigen Fahrzeug;**
   (ii) **einem manövrierbehinderten Fahrzeug;**
   (iii) **einem fischenden Fahrzeug.**

c) Ein fischendes Fahrzeug muss, soweit möglich, ausweichen
   (i) einem manövrierunfähigen Fahrzeug;
   (ii) einem manövrierbehinderten Fahrzeug.

d) (i) Jedes Fahrzeug mit Ausnahme eines manövrierunfähigen oder manövrierbehinderten muss, sofern die Umstände es zulassen, vermeiden, die **sichere Durchfahrt eines tiefgangbehinderten Fahrzeugs** zu behindern, das Signale nach Regel 28 zeigt.
   (ii) Ein tiefgangbehindertes Fahrzeug muss unter Berücksichtigung seines besonderen Zustands mit besonderer Vorsicht navigieren.

e) Ein Wasserflugzeug auf dem Wasser muss sich in der Regel von allen Fahrzeugen gut klar halten und vermeiden, deren Manöver zu behindern. Sobald jedoch die Möglichkeit der Gefahr eines Zusammenstoßes besteht, muss es die Regeln dieses Teils befolgen.

f) (i) Ein Bodeneffektfahrzeug muss sich bei Start, Landung und oberflächennahem Flug von allen Fahrzeugen gut klar halten und vermeiden, deren Manöver zu behindern;
   (ii) ein Bodeneffektfahrzeug, das auf der Wasseroberfläche betrieben wird, muss die Regeln dieses Teils für Maschinenfahrzeuge erfüllen.

---

[1] In Regel 13 ist z. B. bestimmt, dass ein überholendes Fahrzeug stets ausweichpflichtig ist. Diese Regel geht der Regel 18 vor. Deshalb muss ein manövrierunfähiges bzw. manövrierbehindertes oder fischendes Fahrzeug, das ein Maschinenfahrzeug oder ein Segelfahrzeug in Fahrt überholt, trotz Regel 18 ausweichen.
Ebenso gehen die Ausweichregeln in engen Fahrwassern (Regel 9) und Verkehrstrennungsgebieten (Regel 10) der Regel 18 vor.

[2] Vgl. Regel 3 i).

[3] Vgl. Regel 3 c).

Abschnitt III – Verhalten von Fahrzeugen bei verminderter Sicht

Regel 19 Verhalten von Fahrzeugen bei verminderter Sicht

a) Diese Regel gilt für Fahrzeuge, die einander nicht in Sicht haben, wenn sie in oder in der Nähe eines Gebietes mit verminderter Sicht[1] fahren.

b) **Jedes Fahrzeug muss mit sicherer Geschwindigkeit[2] fahren, die den gegebenen Umständen und Bedingungen der verminderten Sicht angepasst ist. Ein Maschinenfahrzeug muss seine Maschinen für ein sofortiges Manöver bereithalten.**

c) Jedes Fahrzeug muss bei der Befolgung der Regeln des Abschnitts I die gegebenen Umstände und Bedingungen der verminderten Sicht gehörig berücksichtigen.

d) Ein Fahrzeug, das ein anderes Fahrzeug lediglich mit Radar ortet, muss ermitteln, ob sich eine Nahbereichslage entwickelt und/oder die Möglichkeit der Gefahr eines Zusammenstoßes besteht. Ist dies der Fall, so muss es frühzeitig Gegenmaßnahmen treffen; ändert es deshalb seinen Kurs, so muss es nach Möglichkeit Folgendes vermeiden:
   (i) eine Kursänderung nach Backbord gegenüber einem Fahrzeug vorlicher als querab, außer beim Überholen;
   (ii) eine Kursänderung auf ein Fahrzeug zu, das querab oder achterlicher als querab ist.

e) Außer nach einer Feststellung, dass keine Möglichkeit der Gefahr eines Zusammenstoßes besteht, **muss jedes Fahrzeug, das anscheinend vorlicher als querab das Nebelsignal eines anderen Fahrzeugs hört** oder das eine Nahbereichslage mit einem anderen Fahrzeug vorlicher als querab nicht vermeiden kann, **seine Fahrt auf das für die Erhaltung der Steuerfähigkeit geringstmögliche Maß verringern[3].** Erforderlichenfalls muss es jegliche Fahrt wegnehmen und in jedem Fall mit äußerster Vorsicht manövrieren, bis die Gefahr eines Zusammenstoßes vorüber ist.

---

[1] *Vgl. Regel 3 l).*

[2] *Die KVR enthalten keine Definition des Begriffs „sichere Geschwindigkeit". Aufgrund der Rechtsprechung kann man folgende Fälle unterscheiden:*
   1. *Kann aufgrund navigatorischer Beschränkungen (Untiefen, Landhuks etc.) eine Kollision nur durch ein Stoppmanöver vermieden werden, so ist „sichere Geschwindigkeit" die Geschwindigkeit, aus der das Schiff auf halbe Sichtweite zum Stillstand gebracht werden kann* ***(Half-Distance-Rule).***
   2. *Bestehen solche navigatorische Beschränkungen nicht, so ist „sichere Geschwindigkeit" die Geschwindigkeit, die dem Schiff beim plötzlichen optischen Sichten eines anderen Fahrzeugs erlaubt, diesem durch Ausweichmanöver aus dem Weg zu gehen* ***(Keep-off-Rule).***

[3] *Also keine Ausweichmanöver aufgrund gehörter Schallsignale (vgl. Anm. 2 zu Regel 35), sondern nur nach erkannter Lage und Verhaltensweise des Kollisionsgegners! Die Kollisionsgefahr ist erst vorüber, wenn sie nach erkannter Lage des anderen Fahrzeugs ausgeschlossen oder dessen Schallsignal achterlicher als querab ausgewandert ist.*

Zusammenfassung: Lichter und Signalkörper

Fahrzeuge auf See führen nachts verschiedene Lichter und tagsüber zum Teil bestimmte Signalkörper. Sie helfen, den Kurs, die Lage und Art anderer Fahrzeuge rechtzeitig zu erkennen, um richtige Entscheidungen, insbesondere im Zusammenhang mit den Ausweich- und Fahrregeln, treffen zu können.

Lichter

Die vorgeschriebenen Lichter müssen nachts (also von Sonnenuntergang bis Sonnenaufgang) und bei verminderter Sicht (Nebel, dickes Wetter, Schneefall oder heftige Regengüsse) geführt werden.

Die KVR unterscheiden folgende Lichter (Regel 21):

- **Topplicht:** Es scheint unbehindert über einen Horizontbogen von 225°, und zwar nach jeder Seite von recht voraus bis 22,5° achterlicher als querab. Es ist immer weiß.
- **Seitenlichter:** Sie scheinen unbehindert über einen Horizontbogen von jeweils 112,5°, und zwar entweder nach Stb oder nach Bb von recht voraus bis 22,5° achterlicher als querab. Beide Seitenlichter überstrahlen somit gemeinsam den Sektor des Topplichts. Das Stb-Seitenlicht ist immer grün, das Bb-Seitenlicht immer rot. Auf Fahrzeugen unter 20 m Länge dürfen sie in einer Zweifarbenlaterne geführt werden (Regel 21 b)).
- **Hecklicht:** Es ist ein so nah wie möglich am Heck angebrachtes Licht, das unbehindert über einen Horizontbogen von 135° scheint, und zwar 67,5° von recht achteraus nach jeder Seite. Topplicht und Hecklicht überstrahlen also gemeinsam einen Vollkreis von 360°. Das Hecklicht ist immer weiß.
- **Schlepplicht:** Dieses Licht entspricht dem Hecklicht, doch ist es immer gelb.
- **Rundumlicht:** Es ist über den ganzen Horizontbogen, d. h. über einen Vollkreis von 360°, sichtbar.
- **Funkellicht:** Dies ist ein Licht mit 120 oder mehr regelmäßigen Lichterscheinungen pro Minute. Es ist immer über den ganzen Horizontbogen sichtbar.

Sprechen die KVR davon, dass ein Licht zu „führen“ ist, so hat es während der vorgeschriebenen Zeiten dauernd zu brennen. Ist es jedoch nur zu „zeigen“, muss es bei Annäherung anderer Fahrzeuge nur so lange leuchten, bis es wahrgenommen wurde, bis Manöver gemäß den Ausweich- und Fahrregeln durchgeführt wurden und bis die Gefahr eines Zusammenstoßes nicht mehr besteht.

Navigationslichter

Unter Navigationslichtern (früher Positionslaternen) versteht man alle Lichter, die zur Lichterführung nach den KVR und der SeeSchStrO verwendet werden müssen. Fahrzeuge, die zur Führung der Bundesflagge berechtigt sind, dürfen nur solche Navigationslichter verwenden, deren Baumuster von einer von den Mitgliedstaaten der Europäischen Union benannten Stelle, in Deutschland vom Bundesamt für Seeschifffahrt und Hydrographie (BSH), zugelassen sind. Zugelassene Navigationslichter entsprechen den vorgeschriebenen Mindesttragweiten, Farbwerten und Sichtwinkeln. Sie tragen das Zeichen der Prüfstelle und dürfen nur von einem anerkannten Reparaturbetrieb geändert oder repariert werden.

Schiffsführer und Eigner haben für die Wirksamkeit und Betriebssicherheit der Lichter zu sorgen.

Wer sein Fahrzeug nicht mit zugelassenen Navigationslichtern ausrüstet, sie falsch angebracht oder abgeschirmt führt oder eine Kontrolle nicht ermöglicht, begeht eine Ordnungswidrigkeit, die mit Geldbuße geahndet werden kann. Darüber hinaus wird ein nicht ordnungsgemäß mit Navigationslichtern ausgerüstetes Schiff als seeuntüchtig angesehen, was im Schadensfall u. U. zum Verlust des Versicherungsschutzes führen kann.

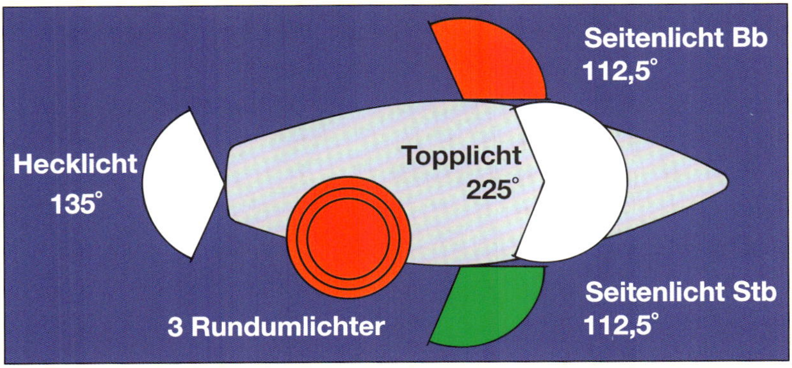

Signalkörper

Sie sind schwarz und müssen zwischen Sonnenaufgang und Sonnenuntergang geführt werden. Die KVR unterscheiden folgende Signalkörper (Anlage I, Ziff. 6 auf S. 59):

- Ball
- Kegel
- Zylinder
- Rhombus (Doppelkegel)
- Stundenglas

Ihr Durchmesser und ihre Höhe sollen nicht kleiner als 60 cm sein, die Höhe des Zylinders und des Doppelkegels nicht kleiner als 1,20 m. Doch dürfen Fahrzeuge von weniger als 20 m Länge kleinere, der Größe des Fahrzeugs entsprechende Signalkörper verwenden.

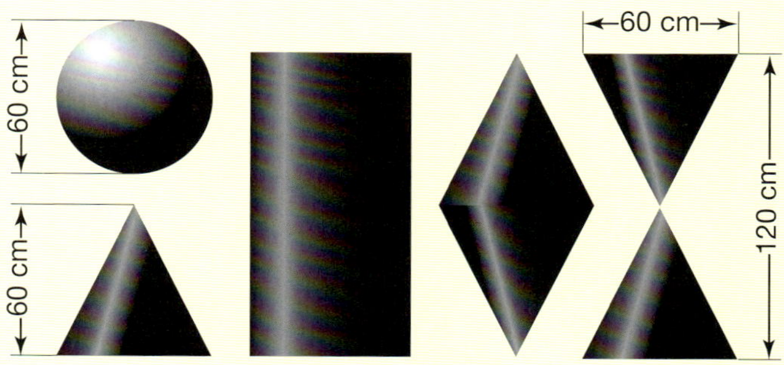

Teil C: Lichter und Signalkörper

Regel 20 Anwendung

a) Die Regeln dieses Teils müssen bei jedem Wetter befolgt werden.

b) **Die Regeln über Lichter müssen zwischen Sonnenuntergang und Sonnenaufgang befolgt werden; während dieser Zeit dürfen keine Lichter geführt[1] oder gezeigt[2] werden, die mit den in diesen Regeln genannten Lichtern verwechselt werden können, deren Sichtbarkeit oder Unterscheidungsmöglichkeit beeinträchtigen oder den gehörigen Ausguck behindern.**

c) **Die in diesen Regeln vorgeschriebenen Lichter müssen, wenn sie mitgeführt werden, bei verminderter Sicht[3] auch zwischen Sonnenaufgang und Sonnenuntergang geführt oder gezeigt werden; in allen anderen Fällen dürfen sie geführt oder gezeigt werden, wenn es für erforderlich gehalten wird.**

d) Die Regeln über Signalkörper müssen am Tage befolgt werden.

e) Die in diesen Regeln genannten Lichter und Signalkörper müssen den Bestimmungen der Anlage I[4] entsprechen.

---

[1] Ist ein Licht nach den KVR zu „führen“, so hat es während der vorgeschriebenen Zeiten dauernd zu brennen.

[2] Ist ein Licht nach den KVR nur zu „zeigen“, so braucht es bei der Annäherung anderer Fahrzeuge nur so lange zu leuchten, bis es wahrgenommen wurde, etwa notwendige Manöver durchgeführt wurden und keine Kollisionsgefahr mehr besteht.

[3] Vgl. Regel 3 l).

[4] Vgl. S. 57.

Regel 21 Begriffsbestimmungen

a) **„Topplicht“** bedeutet ein weißes Licht über der Längsachse des Fahrzeugs, das unbehindert über einen Horizontbogen von 225° scheint, und zwar von recht voraus bis 22,5° achterlicher als querab nach jeder Seite.

b) **„Seitenlichter“** bedeutet ein grünes Licht an der Steuerbordseite und ein rotes Licht an der Backbordseite, die jeweils unbehindert über einen Horizontbogen von 112,5° scheinen, und zwar nach der betreffenden Seite von recht voraus bis 22,5° achterlicher als querab. **Auf einem Fahrzeug von weniger als 20 Meter Länge dürfen die Seitenlichter in einer Zweifarbenlaterne über der Längsachse geführt werden.**

c) **„Hecklicht“** bedeutet ein weißes Licht, das so nahe wie möglich am Heck angebracht ist und das unbehindert über einen Horizontbogen von 135° scheint, und zwar von recht achteraus 67,5° nach jeder Seite.

d) **„Schlepplicht“** bedeutet ein gelbes Licht mit den Eigenschaften des unter Buchstabe c beschriebenen Hecklichts.

e) **„Rundumlicht“** bedeutet ein Licht, das unbehindert über einen Horizontbogen von 360° scheint.

f) **„Funkellicht“** bedeutet ein Licht mit 120 oder mehr regelmäßigen Lichterscheinungen in der Minute.

Regel 22 Tragweite der Lichter

Die in diesen Regeln vorgeschriebenen Lichter müssen die in Abschnitt 8 der Anlage I[1] angegebenen Lichtstärken haben, sodass folgende Mindesttragweiten[2] erreicht werden:

a) Auf Fahrzeugen von 50 und mehr Meter Länge
- Topplicht, 6 Seemeilen;
- Seitenlicht, 3 Seemeilen;
- Hecklicht, 3 Seemeilen;
- Schlepplicht, 3 Seemeilen;
- weißes, rotes, grünes oder gelbes Rundumlicht, 3 Seemeilen.

b) **Auf Fahrzeugen von 12 und mehr, jedoch weniger als 50 Meter Länge**
- **Topplicht, 5 Seemeilen;**
  auf Fahrzeugen von weniger als 20 Meter Länge, 3 Seemeilen;
- **Seitenlicht, 2 Seemeilen;**
- **Hecklicht, 2 Seemeilen;**
- **Schlepplicht, 2 Seemeilen;**
- **weißes, rotes, grünes oder gelbes Rundumlicht, 2 Seemeilen.**

c) **Auf Fahrzeugen von weniger als 12 Meter Länge**
- **Topplicht, 2 Seemeilen;**
- **Seitenlicht, 1 Seemeile;**
- **Hecklicht, 2 Seemeilen;**
- **Schlepplicht, 2 Seemeilen;**
- **weißes, rotes, grünes oder gelbes Rundumlicht, 2 Seemeilen.**

d) Auf schwer erkennbaren, teilweise getauchten Fahrzeugen oder Gegenständen, die geschleppt werden
- weißes Rundumlicht, 3 Seemeilen.

---

[1] *Vgl. S. 57.*
[2] *„Tragweite" ist der Abstand, in dem ein Licht bei normaler Sicht gerade noch wahrnehmbar ist.*

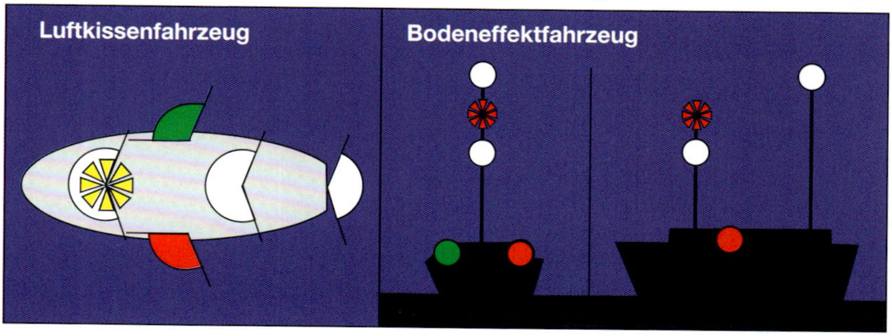

Regel 23 Maschinenfahrzeuge in Fahrt

a) **Ein Maschinenfahrzeug**[1] **in Fahrt**[2] **muss führen**
   (i) **ein Topplicht vorn**[3]**;**
   (ii) **ein zweites Topplicht achterlicher und höher als das vordere; ein Fahrzeug von weniger als 50 Meter Länge kann ein solches Licht führen, ist jedoch nicht dazu verpflichtet;**
   (iii) **Seitenlichter**[4]**;**
   (iv) **ein Hecklicht.**

b) Ein Luftkissenfahrzeug, das im nichtwasserverdrängenden Zustand navigiert, muss außer den unter Buchstabe a vorgeschriebenen Lichtern ein **gelbes Rundumlicht als Funkellicht** führen.

c) Nur bei Start, Landung und oberflächennahem Flug muss ein **Bodeneffektfahrzeug**[5] zusätzlich zu den unter Buchstabe a vorgeschriebenen Lichtern ein leistungsstarkes **rotes Rundumlicht als Funkellicht** führen.

---

[1] Vgl. Regel 3 b).
[2] Vgl. Regel 3 i) mit Anmerkung 4.
[3] Zur senkrechten Anordnung des Topplichts bei kleinen Fahrzeugen vgl. Anlage I, Abschnitt 2 c) und 2 d).
[4] Auf einem Fahrzeug unter 20 m Länge können beide Seitenlichter in einer Zweifarbenlaterne vereinigt sein (vgl. Regel 21 b) und die Tabelle auf S. 78/79).
[5] Vgl. Regel 3 m).

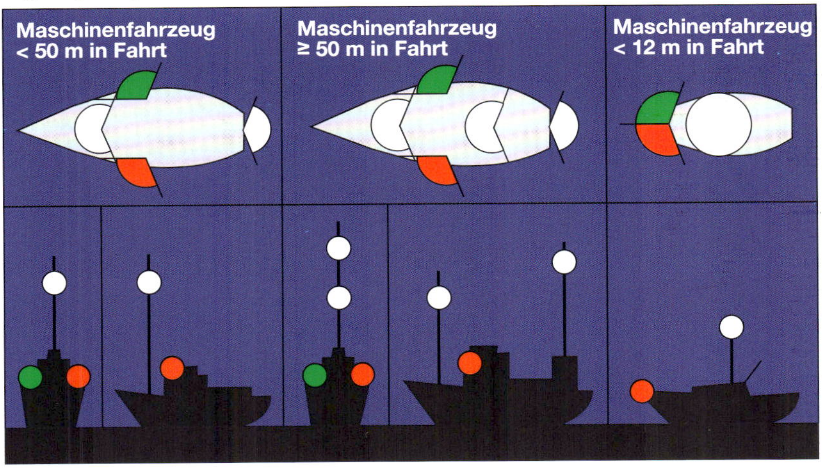

d) (i) **Ein Maschinenfahrzeug von weniger als 12 Meter Länge darf anstelle der unter Buchstabe a vorgeschriebenen Lichter ein weißes Rundumlicht und Seitenlichter führen;**
(ii) **ein Maschinenfahrzeug von weniger als 7 Meter Länge, dessen Höchstgeschwindigkeit 7 Knoten nicht übersteigt, darf anstelle der unter Buchstabe a vorgeschriebenen Lichter ein weißes Rundumlicht und muss, wenn möglich, außerdem Seitenlichter führen;**
(iii) **das Topplicht oder das weiße Rundumlicht auf einem Maschinenfahrzeug von weniger als 12 Meter Länge dürfen außerhalb der Längsachse des Fahrzeugs geführt werden,** wenn die Anbringung über der Längsachse nicht möglich ist, vorausgesetzt, dass die Seitenlichter in einer Zweifarbenlaterne über der Längsachse des Fahrzeugs geführt oder so nahe wie möglich in derselben Längsachse wie das Topplicht oder das weiße Rundumlicht angebracht werden.

Regel 24 Schleppen und Schieben

a) **Ein schleppendes Maschinenfahrzeug**[1] **muss führen**
(i) anstelle des in Regel 23 Buchstabe a Ziffer i oder ii vorgeschriebenen Lichts zwei Topplichter senkrecht übereinander. Wenn der Schleppzug vom Heck des schleppenden Fahrzeugs bis zum Ende des Anhangs länger als 200 Meter ist, drei solche Lichter senkrecht übereinander;
(ii) Seitenlichter;
(iii) ein Hecklicht;
(iv) ein Schlepplicht[2] senkrecht über dem Hecklicht;
(v) wenn der Schleppzug länger als 200 Meter[3] ist, einen rhombusförmigen Signalkörper dort, wo er am besten gesehen werden kann[4].

b) Sind ein schiebendes und ein geschobenes Fahrzeug zu einer zusammengesetzten Einheit starr miteinander verbunden, so gelten sie als ein Maschinenfahrzeug und müssen die in Regel 23 vorgeschriebenen Lichter führen.

---

[1] *Im Bereich der SeeSchStrO gelten Motorsportfahrzeuge, die andere Sportfahrzeuge schleppen, nicht als schleppende Maschinenfahrzeuge im Sinn dieser Regel. Sie brauchen deshalb die vorgeschriebenen Lichter und Signalkörper nicht zu führen (vgl. § 2 Abs. 1 Ziffer 7 SeeSchStrO).*
Ist ein Schleppverband nicht in der Lage, von seinem Kurs abzuweichen, führt er zusätzlich Rot-Weiß-Rot (Ball-Rhombus-Ball) übereinander (vgl. Regel 27 c)).

[2] *Vgl. Regel 21 d).*

[3] *Die Länge eines Schleppverbandes wird vom Heck des schleppenden Fahrzeugs bis zum äußersten Ende des Schleppverbandes gemessen, vgl. oben Buchstabe a (i).*

[4] *Tagsüber sind also keine Signalkörper erforderlich, falls der Schleppverband kürzer als 200 m ist.*

c) Ein schiebendes oder längsseits schleppendes Maschinenfahrzeug muss, ausgenommen im Fall einer zusammengesetzten Einheit[5], führen
   (i) anstelle des in Regel 23 Buchstabe a Ziffer i oder ii vorgeschriebenen Lichts zwei Topplichter senkrecht übereinander;
   (ii) Seitenlichter;
   (iii) ein Hecklicht.

d) Ein Maschinenfahrzeug, für das Buchstaben a oder c dieser Regel gelten, muss auch Regel 23 Buchstabe a Ziffer ii befolgen.

[5] *Das heißt eine im Sinn von Buchstabe b starr miteinander verbundene Einheit.*

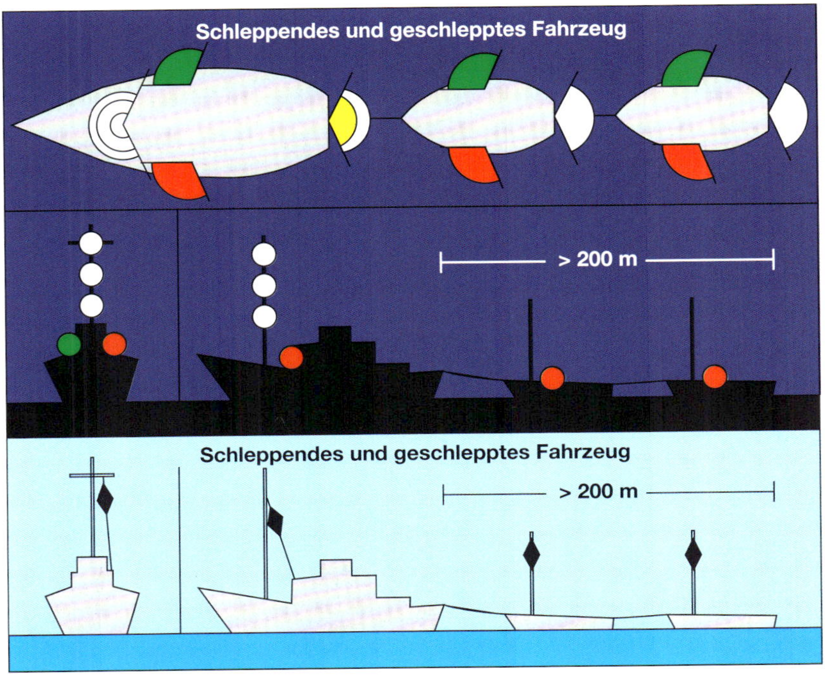

e) **Ein geschlepptes Fahrzeug** oder ein geschleppter Gegenstand mit Ausnahme der unter Buchstabe g genannten muss führen
   (i) Seitenlichter;
   (ii) ein Hecklicht[6];
   (iii) wenn der Schleppzug länger als 200 Meter ist, einen rhombusförmigen Signalkörper dort, wo er am besten gesehen werden kann.

f) In beliebiger Anzahl längsseits geschleppte oder in einer Gruppe geschobene Fahrzeuge müssen die Lichter wie ein einzelnes Fahrzeug führen, wobei
   (i) ein geschobenes Fahrzeug, das nicht Teil einer zusammengesetzten Einheit[7] ist, vorn Seitenlichter führen muss;
   (ii) ein längsseits geschlepptes Fahrzeug ein Hecklicht und vorn Seitenlichter führen muss.

g) **Ein schwer erkennbares, teilweise getauchtes geschlepptes Fahrzeug oder ein schwer erkennbarer, teilweise getauchter geschleppter Gegenstand** oder eine Kombination solcher Fahrzeuge oder Gegenstände müssen führen
   (i) bei einer Breite von weniger als 25 Meter je ein weißes Rundumlicht an oder nahe dem vorderen und hinteren Ende, wobei Transportschläuche das vordere Licht nicht zu führen brauchen;
   (ii) bei einer Breite von 25 und mehr Meter zwei zusätzliche weiße Rundumlichter an oder nahe den Außenseiten;
   (iii) bei einer Länge von mehr als 100 Meter zusätzliche weiße Rundumlichter zwischen den unter den Ziffern i und ii vorgeschriebenen Lichtern, sodass der Abstand zwischen den Lichtern nicht mehr als 100 Meter beträgt;
   (iv) einen rhombusförmigen Signalkörper an oder nahe dem äußersten Ende des letzten geschleppten Fahrzeugs oder Gegenstands und, wenn der Schleppzug länger als 200 Meter ist, zusätzlich einen rhombusförmigen Signalkörper dort, wo er am besten gesehen werden kann und so weit vorn wie möglich.

h) Können ein geschlepptes Fahrzeug oder ein geschleppter Gegenstand die unter Buchstaben e oder g vorgeschriebenen Lichter oder Signalkörper aus einem vertretbaren Grund nicht führen, so müssen alle möglichen Maßnahmen getroffen werden, um das geschleppte Fahrzeug oder den geschleppten Gegenstand zu beleuchten oder die Anwesenheit eines solchen Fahrzeugs oder Gegenstands zumindest erkennbar zu machen.

i) Kann **ein üblicherweise nicht bei Schleppvorgängen eingesetztes Fahrzeug** aus einem vertretbaren Grund die unter Buchstaben a oder c vorgeschriebenen Lichter nicht zeigen, so **braucht** es **diese Lichter nicht zu führen, wenn es ein anderes Fahrzeug schleppt, das sich in Not befindet oder aus anderen Gründen Hilfe benötigt.** Es müssen alle nach Regel 36 zulässigen möglichen Maßnahmen getroffen werden, um die Art der Verbindung zwischen dem schleppenden Fahrzeug und dem geschleppten Fahrzeug erkennbar zu machen, insbesondere durch Anleuchten der Schleppleine.

---

[6] *Schleppanhänge führen also keine Topplichter – selbst dann nicht, wenn ihre Maschinen in Betrieb sind.*

[7] *Das heißt eine im Sinn von Buchstabe b starr miteinander verbundene Einheit.*

Regel 25 Segelfahrzeuge in Fahrt und Fahrzeuge unter Ruder

a) **Ein Segelfahrzeug**[1] **in Fahrt**[2] **muss führen**
   (i) **Seitenlichter**[3]**;**
   (ii) **ein Hecklicht.**

b) **Auf einem Segelfahrzeug von weniger als 20 Meter Länge** dürfen die unter Buchstabe a vorgeschriebenen **Lichter in einer Dreifarbenlaterne** vereinigt werden, die **an oder nahe der Mastspitze** dort angebracht ist, wo sie am besten gesehen werden kann[4].

c) **Ein Segelfahrzeug in Fahrt darf zusätzlich** zu den unter Buchstabe a vorgeschriebenen Lichtern an oder nahe der Mastspitze **zwei Rundumlichter senkrecht übereinander** dort führen, wo sie am besten gesehen werden können, und zwar **das obere rot und das untere grün;** diese Lichter dürfen jedoch nicht zusammen mit der Dreifarbenlaterne nach Buchstabe b geführt werden.

---

[1] Vgl. Regel 3 c).

[2] Vgl. Regel 3 i) mit Anmerkung 4.

[3] Auf Fahrzeugen von weniger als 20 m Länge auch als doppelfarbige Laterne möglich, vgl. Regel 21 b).

[4] Diese energiesparende Dreifarbenlaterne ist nur sinnvoll für Segelfahrzeuge ohne Hilfsmotor. Denn sobald man unter Motor läuft, ist ein Topplicht vorgeschrieben (Regel 23), das höher als die Seitenlichter angebracht sein muss (Anlage I, Ziff. 2 f).

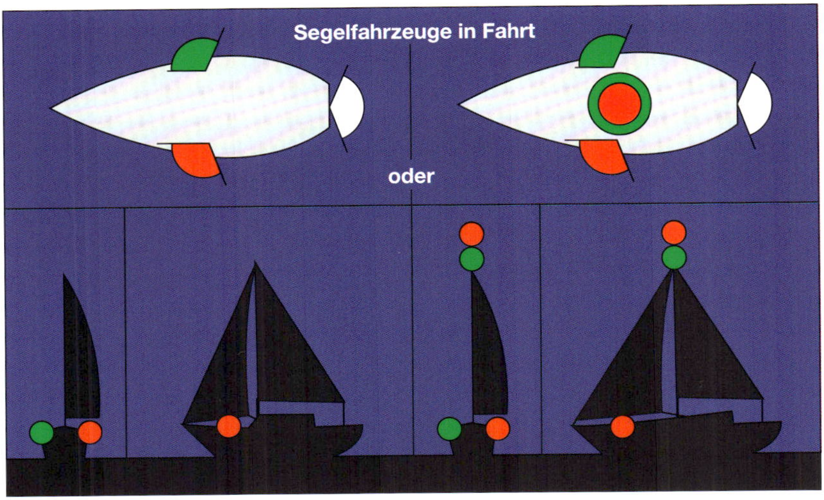

d) (i) **Ein Segelfahrzeug von weniger als 7 Meter Länge muss, wenn möglich, die unter Buchstaben a oder b vorgeschriebenen Lichter führen; andernfalls müssen eine elektrische Lampe oder eine angezündete Laterne mit einem weißen Licht gebrauchsfertig zur Hand gehalten und rechtzeitig gezeigt werden, um einen Zusammenstoß zu verhüten[5].**

(ii) **Ein Fahrzeug unter Ruder** darf die in dieser Regel für Segelfahrzeuge vorgeschriebenen Lichter führen; andernfalls müssen eine elektrische Lampe oder eine angezündete Laterne mit einem weißen Licht gebrauchsfertig zur Hand gehalten und rechtzeitig gezeigt werden, um einen Zusammenstoß zu verhüten.

e) **Ein Fahrzeug unter Segel, das gleichzeitig mit Maschinenkraft fährt, muss im Vorschiff einen Kegel – Spitze unten – dort führen, wo er am besten gesehen werden kann[6].**

[5] *Hier weicht die SeeSchStrO für Segelfahrzeuge von weniger als 12 m Länge folgendermaßen ab (vgl. Tabelle auf S. 78/79):*
- *Grundsätzlich sind die vorgeschriebenen Lichter fest angebracht zu führen.*
- *Erlaubt die Bauart des Fahrzeugs es nicht, die vorgeschriebenen Lichter fest angebracht zu führen, so ist ein weißes Rundumlicht (Mindesttragweite 2 sm) zu führen.*
- *Sollte auch dieses Licht aufgrund der Bauart nicht fest angebracht werden können, so darf das Fahrzeug nachts und bei verminderter Sicht nicht fahren. Doch muss dann für den Notstandsfall eine elektrische Leuchte oder Laterne mit weißem Licht gebrauchsfertig an Bord sein.*

[6] *Es gilt dann als Maschinenfahrzeug und hat deshalb nachts Lichter gemäß Regel 23 zu führen, insbesondere das Topplicht. Außerdem hat es die Ausweichregeln für Maschinenfahrzeuge zu befolgen (Regeln 13 ff).*

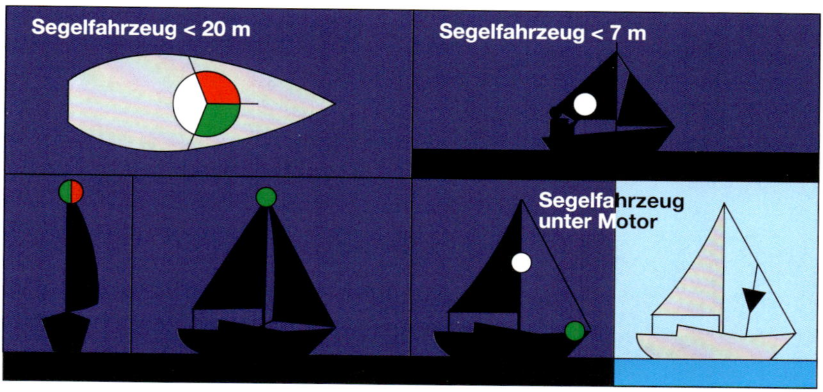

Regel 26 Fischereifahrzeuge

a) Ein fischendes Fahrzeug[1] **in Fahrt oder vor Anker** darf nur die in dieser Regel vorgeschriebenen Lichter und Signalkörper führen.

b) **Ein fischender Trawler[2],** das heißt ein Fahrzeug, das ein Schleppnetz oder ein anderes Fanggerät durchs Wasser schleppt[3], muss führen
   (i) zwei Rundumlichter senkrecht übereinander, das obere grün und das untere weiß, oder ein Stundenglas;
   (ii) ein Topplicht achterlicher und höher als das grüne Rundumlicht; ein Fahrzeug von weniger als 50 Meter Länge kann ein solches Licht führen, ist jedoch nicht dazu verpflichtet;
   (iii) **bei Fahrt durchs Wasser** zusätzlich zu den unter diesem Buchstaben vorgeschriebenen Lichtern Seitenlichter und ein Hecklicht.

---

[1] *Vgl. Regel 3 d).*

[2] *Vgl. auch Anlage II, Ziffer 2 auf S. 64.*

[3] *Man unterscheidet Seitenfänger und die modernen Heckfänger. Der Trawler macht mit dem Fanggerät etwa 3 bis 4 kn Fahrt. Als ausweichpflichtiges Fahrzeug sollte man den Trawler in einem Abstand von mindestens 300 m passieren.*
Man vermeide es, zwischen zwei Gespannfischern (= Tuckzeesenfischern) hindurchzulaufen. Diese laufen zu zweit parallel nebeneinander her und schleppen ein einzelnes Netz. Der Abstand zwischen beiden Fahrzeugen beträgt bis zu 200 m. Nachts führt – in Fahrtrichtung gesehen – das linke Fahrzeug auf dem Ruderhaus ein rotes Licht, das rechte ein grünes.

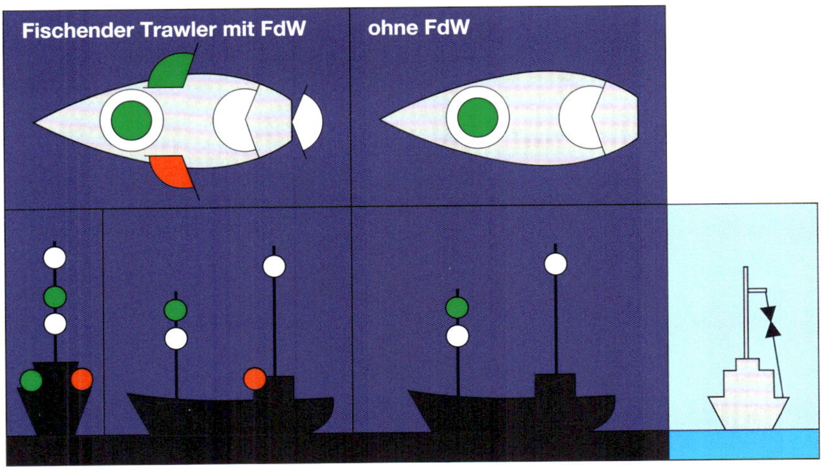

c) **Ein fischendes Fahrzeug, das nicht trawlt**[4]**,** muss führen
   (i) zwei Rundumlichter senkrecht übereinander, das obere rot und das untere weiß, oder ein Stundenglas;
   (ii) **bei ausgebrachtem Fanggerät,** das waagerecht mehr als 150 Meter ins Wasser reicht, ein weißes Rundumlicht oder einen Kegel – Spitze oben – in Richtung des Fanggeräts;
   (iii) **bei Fahrt durchs Wasser** zusätzlich zu den unter diesem Buchstaben vorgeschriebenen Lichtern Seitenlichter und ein Hecklicht.

d) Die zusätzlich zu diesen Regeln in **Anlage II**[5] beschriebenen Signale gelten für ein fischendes Fahrzeug, das sich in nächster Nähe anderer fischender Fahrzeuge befindet.

e) Ein nicht fischendes Fahrzeug darf die in dieser Regel vorgeschriebenen Lichter oder Signalkörper nicht führen, sondern nur die für ein Fahrzeug seiner Länge vorgeschriebenen.

[4] *Nichttrawler fischen mit Treibnetzen oder Ringwaden (vgl. S. 64).*
Ein Treibnetz ist etwa 30 Meter lang; bis zu 150 derartiger Netze aneinander gereiht ergeben eine Fleet, vor der der Logger mit dem Steven in den Wind gedreht liegt.
Kleine Fahrzeuge können mit gestoppter Maschine zwischen den Bojen über die Fleet hinwegfahren – am besten in der Mitte zwischen zwei Bojen.

[5] *Vgl. S. 64.*

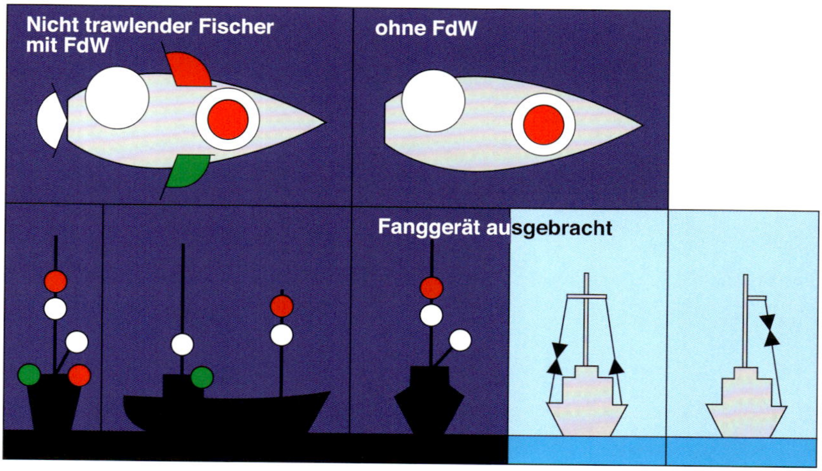

Schleppnetzfischer
Schleppleine ca. 600 m

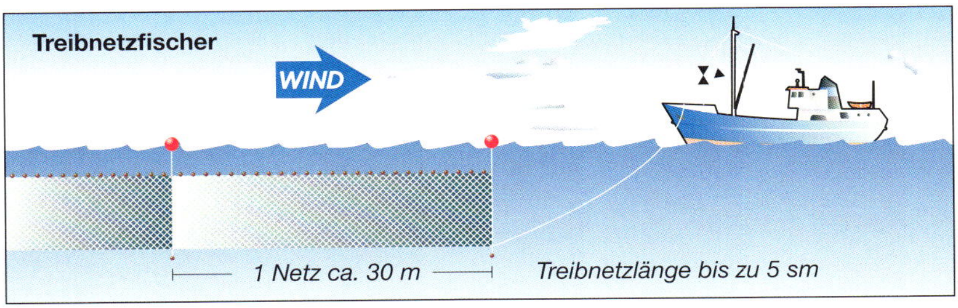
Treibnetzfischer
WIND
1 Netz ca. 30 m
Treibnetzlänge bis zu 5 sm

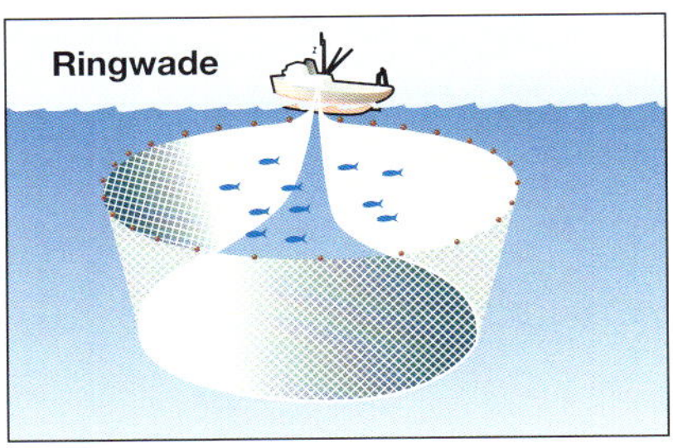
Ringwade

Regel 27 Manövrierunfähige oder manövrierbehinderte Fahrzeuge

a) **Ein manövrierunfähiges Fahrzeug**[1] muss führen
   (i) zwei rote Rundumlichter senkrecht übereinander dort, wo sie am besten gesehen werden können;
   (ii) zwei Bälle oder ähnliche Signalkörper senkrecht übereinander dort, wo sie am besten gesehen werden können;
   (iii) **bei Fahrt durchs Wasser**[2] **zusätzlich** zu den unter diesem Buchstaben vorgeschriebenen Lichtern Seitenlichter und ein Hecklicht.

b) **Ein manövrierbehindertes Fahrzeug**[3], ausgenommen ein Fahrzeug beim Minenräumen, muss führen
   (i) drei Rundumlichter senkrecht übereinander dort, wo sie am besten gesehen werden können. Das obere und das untere Licht müssen rot, das mittlere muss weiß sein;
   (ii) drei Signalkörper senkrecht übereinander dort, wo sie am besten gesehen werden können. Der obere und der untere Signalkörper müssen Bälle, der mittlere muss ein Rhombus sein;
   (iii) **bei Fahrt durchs Wasser**[2] **zusätzlich** zu den unter Ziffer i vorgeschriebenen Lichtern ein Topplicht oder mehrere Topplichter sowie Seitenlichter und ein Hecklicht;
   (iv) **vor Anker zusätzlich** zu den unter den Ziffern i und ii vorgeschriebenen Lichtern oder Signalkörpern das Licht, die Lichter oder den Signalkörper nach Regel 30.

---

[1] *Vgl. Regel 3 f) und die Ausweichvorschriften in Regel 18.*
[2] *Man verwechsle „Fahrt durchs Wasser“ nicht mit „in Fahrt“, vgl. Anmerkung 4 zu Regel 3.*
[3] *Vgl. Regel 3 g) und die Ausweichvorschriften in Regel 18.*

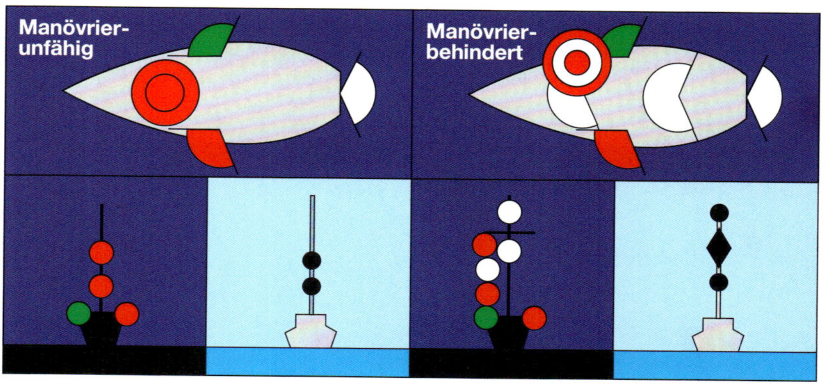

c) **Ein schleppendes Maschinenfahrzeug** muss während eines Schleppvorgangs, bei dem das schleppende Fahrzeug und sein Anhang erheblich behindert sind, vom Kurs abzuweichen, zusätzlich zu den in Regel 24 Buchstabe a vorgeschriebenen Lichtern oder Signalkörpern die unter Buchstabe b Ziffern i und ii dieser Regel vorgeschriebenen Lichter oder Signalkörper führen.
d) **Ein manövrierbehindertes Fahrzeug, das baggert oder Unterwasserarbeiten ausführt,** muss die unter Buchstabe b Ziffern i, ii und iii vorgeschriebenen Lichter oder Signalkörper führen, **bei Behinderung außerdem**
   (i) zwei rote Rundumlichter oder zwei Bälle senkrecht übereinander, um die Seite anzuzeigen, an der die Behinderung besteht;
   (ii) zwei grüne Rundumlichter oder zwei Rhomben senkrecht übereinander, um die Passierseite für ein anderes Fahrzeug anzuzeigen;
   (iii) **vor Anker anstelle** der Lichter oder des Signalkörpers nach Regel 30 die unter diesem Buchstaben vorgeschriebenen Lichter oder Signalkörper.
e) Macht es die Größe eines **Fahrzeugs bei Taucherarbeiten** unmöglich, alle unter Buchstabe d vorgeschriebenen Lichter und Signalkörper zu führen, so sind zu führen
   (i) drei Rundumlichter senkrecht übereinander dort, wo sie am besten gesehen werden können. Das obere und das untere Licht müssen rot, das mittlere muss weiß sein;
   (ii) die Flagge „A" des Internationalen Signalbuchs[4] als Tafel von mindestens 1 Meter Höhe. Ihre Rundumsichtbarkeit muss sichergestellt sein.

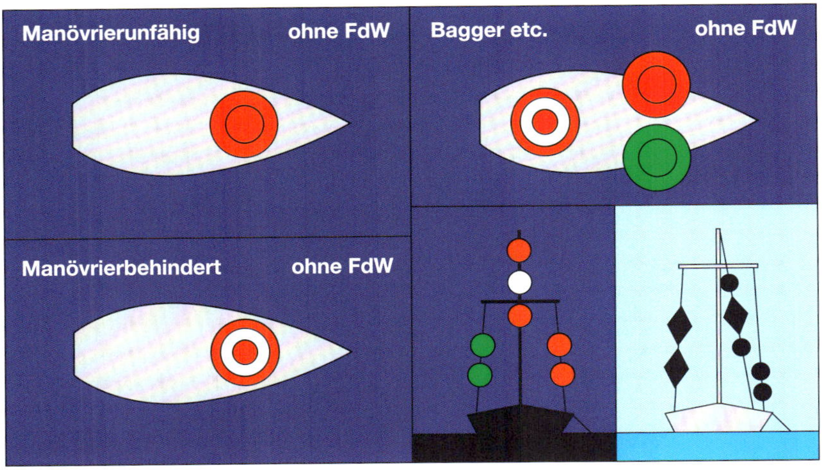

f) Ein **Fahrzeug beim Minenräumen** muss zusätzlich zu den in Regel 23 vorgeschriebenen Lichtern für Maschinenfahrzeuge oder zu den Lichtern oder dem Signalkörper nach Regel 30 für ein Fahrzeug vor Anker drei grüne Rundumlichter oder drei Bälle führen. Eines dieser Lichter oder einer dieser Signalkörper müssen nahe dem Vormasttopp und eines oder einer an jedem Ende der vorderen Rah geführt werden. Diese Lichter oder Signalkörper zeigen an, dass es für andere Fahrzeuge gefährlich ist, sich dem Minenräumfahrzeug auf weniger als 1000 Meter zu nähern.

g) **Fahrzeuge von weniger als 12 Meter Länge, mit Ausnahme solcher Fahrzeuge, die Taucherarbeiten durchführen, brauchen die in dieser Regel vorgeschriebenen Lichter und Signalkörper nicht zu führen.**

h) **Die in dieser Regel vorgeschriebenen Signale sind keine Notsignale, durch die Hilfeleistung verlangt wird.** Solche Signale sind in Anlage IV[5] aufgeführt.

---

[4] *Die Flagge „A“ des Internationalen Signalbuchs bedeutet: „Ich habe Taucher unten; halten Sie bei langsamer Fahrt gut frei von mir!“*

[5] *Vgl. S. 68.*

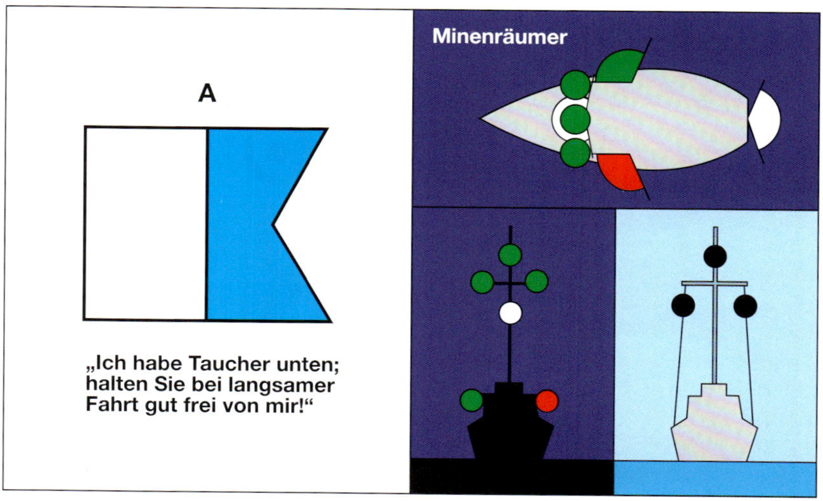

Regel 28 Tiefgangbehinderte Fahrzeuge

Ein tiefgangbehindertes Fahrzeug[1] darf **zusätzlich** zu den in Regel 23 für Maschinenfahrzeuge vorgeschriebenen Lichtern **drei rote Rundumlichter senkrecht übereinander oder einen Zylinder** dort führen, wo sie am besten gesehen werden können[2].

---

[1] *Vgl. Regel 3 h).*

[2] *Andere Fahrzeuge – mit Ausnahme von manövrierbehinderten und manövrierunfähigen Fahrzeugen – dürfen deshalb die sichere Durchfahrt eines tiefgangbehinderten Fahrzeugs* ***nicht behindern*** *(Regel 18 d)).*
Im deutschen Küstenmeer sind tiefgangbehinderte Fahrzeuge sogenannte Wegerechtschiffe im Sinn von § 2 Abs. 1 Ziff. 13 SeeSchStrO. Sie gelten als manövrierbehinderte Fahrzeuge und müssen entsprechende Lichter und Signalkörper führen. Maschinen- und Segelfahrzeuge müssen ihnen deshalb gemäß Regel 18 a) und 18 b) ***ausweichen.*** *Dies stellt eine Verschärfung gegenüber Regel 18 d) dar.*

Regel 29 Lotsenfahrzeuge

a) Ein Fahrzeug im Lotsdienst muss führen
  - (i) an oder nahe dem Masttopp zwei Rundumlichter senkrecht übereinander, das obere weiß und das untere rot;
  - (ii) in Fahrt zusätzlich Seitenlichter und ein Hecklicht;

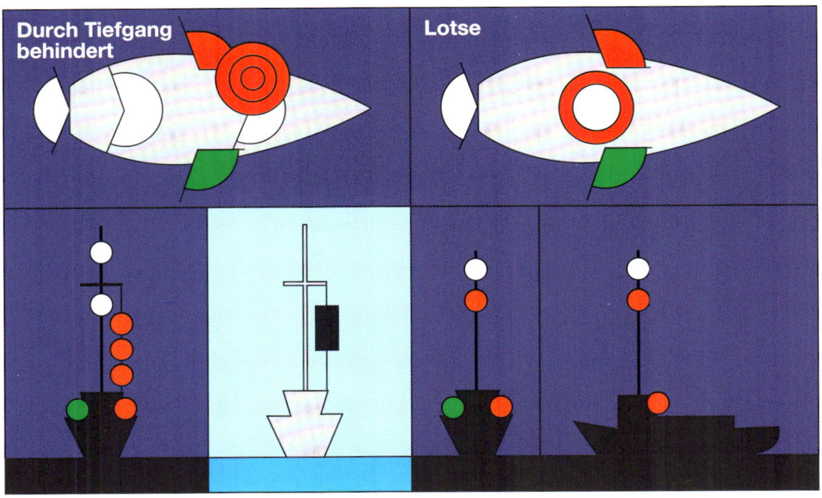

(iii) vor Anker zusätzlich zu den unter Ziffer i vorgeschriebenen Lichtern das Licht oder die Lichter oder den Signalkörper, die in Regel 30 für Fahrzeuge vor Anker vorgeschrieben sind.

b) Ein Lotsenfahrzeug, das nicht im Lotsdienst ist, muss die für ein Fahrzeug seiner Länge vorgeschriebenen Lichter oder Signalkörper führen.

Regel 30 Fahrzeuge vor Anker und auf Grund

a) **Ein Fahrzeug vor Anker** muss dort, wo sie am besten gesehen werden können, führen
  (i) im vorderen Teil ein weißes Rundumlicht oder einen Ball;
  (ii) an oder nahe dem Heck ein weißes Rundumlicht niedriger als das Licht nach Ziffer i.

b) Ein Fahrzeug vor Anker **von weniger als 50 Meter Länge** darf anstelle der unter Buchstabe a vorgeschriebenen Lichter ein weißes Rundumlicht dort führen, wo es am besten gesehen werden kann.

c) Ein Fahrzeug vor Anker darf auch die vorhandenen Deckslichter oder gleichwertige Lichter zur Beleuchtung der Decks einschalten; ist das **Fahrzeug 100 und mehr Meter** lang, so ist es dazu verpflichtet.

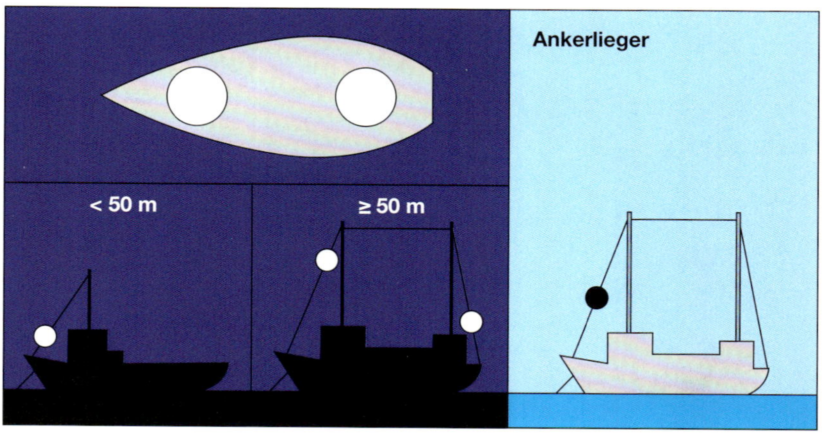

d) **Ein Fahrzeug auf Grund** muss die unter Buchstaben a oder b vorgeschriebenen Lichter führen und zusätzlich dort, wo sie am besten gesehen werden können,
   (i) zwei rote Rundumlichter senkrecht übereinander;
   (ii) drei Bälle senkrecht übereinander.

e) **Ein Fahrzeug von weniger als 7 Meter Länge vor Anker, das sich nicht in einem engen Fahrwasser, einer Fahrrinne oder auf einer Reede oder in der Nähe davon oder dort befindet, wo andere Fahrzeuge in der Regel fahren, braucht nicht die unter den Buchstaben a und b vorgeschriebenen Lichter oder den dort vorgeschriebenen Signalkörper zu führen.**

f) **Ein Fahrzeug von weniger als 12 Meter Länge auf Grund braucht nicht die unter Buchstabe d Ziffern i und ii vorgeschriebenen Lichter oder Signalkörper zu führen.**

Regel 31 Wasserflugzeuge

Können ein Wasserflugzeug[1] oder ein Bodeneffektfahrzeug[2] keine Lichter und Signalkörper führen, deren Eigenschaften oder Anordnung den Regeln dieses Teils entsprechen, so müssen sie Lichter und Signalkörper führen, deren Eigenschaften und Anordnung diesen soweit wie möglich vergleichbar sind.

[1] Vgl. Regel 3 e).
[2] Vgl. Regel 3 m).

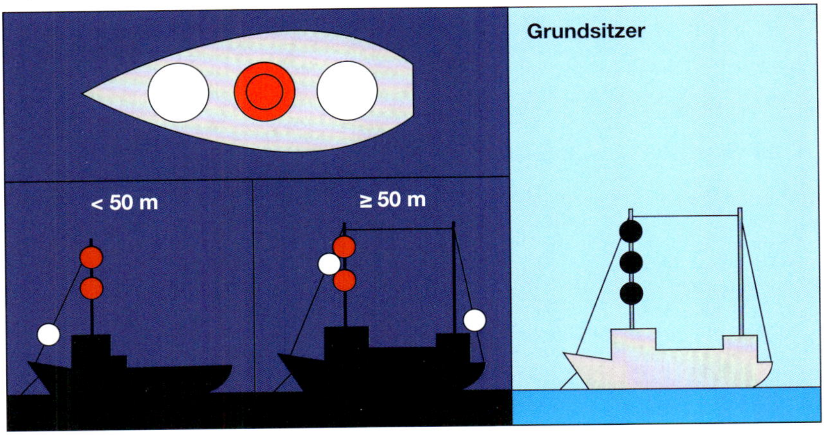

Zusammenfassung: Schallsignale

Die KVR unterscheiden **Manöver- und Warnsignale** (Regel 34) sowie **Schallsignale bei verminderter Sicht** (Regel 35). Zu den Manöver- und Warnsignalen zählen u.a. **Kursänderungssignale, Überholsignale** und das **Kurshaltersignal.**

Zur Ausrüstung mit Schallsignalanlagen (Regeln 33, 35 i und 35 j)

Schallsignale werden mit der Pfeife, der Glocke oder dem Gong (nur für Fahrzeuge ab 100 m Länge) gegeben.

Fahrzeuge **über 20 m Länge** müssen mit einer Pfeife und einer Glocke ausgerüstet sein.

Fahrzeuge **unter 20 m** brauchen die bei verminderter Sicht vorgeschriebenen **Glocken**signale nicht zu geben, müssen dann aber mindestens alle 2 Minuten ein anderes kräftiges Schallsignal geben. Sie brauchen deshalb nur mit einer Pfeife ausgerüstet zu sein.

Fahrzeuge **unter 12 m Länge** brauchen die bei verminderter Sicht vorgeschriebenen Schallsignale nicht zu geben, müssen dann aber alle 2 Minuten ein anderes kräftiges Schallsignal geben. Sie müssen deshalb mit einem anderen Gerät zur Abgabe eines kräftigen Schallsignals ausgerüstet sein.

Also:

Fahrzeuge ≥ 20 m	Pfeife und Glocke
Fahrzeuge ≥ 12 m	Pfeife
Fahrzeuge < 12 m	anderes Gerät zur Abgabe eines kräftigen Schallsignals

Die vorgeschriebenen Schallsignalanlagen müssen – wie die Navigationslichter – auf Fahrzeugen unter deutscher Flagge vom BSH (für Deutschland oder die EU) oder von einem anderen EU-Land (für die EU) zugelassen sein.

Darstellung der Schallsignale im Text:

1 kurzer Ton	●	(ca. 1 s)
1 langer Ton	▬	(4–6 s)
Glockenschlag		
Rasches Läuten einer Glocke		(ca. 5 s)
Schlagen eines Gongs	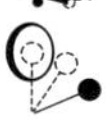	(ca. 5 s)

Teil D: Schall- und Lichtsignale

Regel 32 Begriffsbestimmungen

a) Der Ausdruck **„Pfeife“** bezeichnet eine Schallsignalanlage, mit der die vorgeschriebenen Töne gegeben werden können und die den Anforderungen der Anlage III[1] entspricht.
b) Der Ausdruck **„kurzer Ton“** bezeichnet einen Ton von etwa einer Sekunde Dauer.
c) Der Ausdruck **„langer Ton“** bezeichnet einen Ton von vier bis sechs Sekunden Dauer.

Regel 33 Ausrüstung für Schallsignale

a) **Ein Fahrzeug von 12 und mehr Meter Länge muss mit einer Pfeife, ein Fahrzeug von 20 und mehr Meter Länge zusätzlich zur Pfeife mit einer Glocke** und ein Fahrzeug von 100 und mehr Meter Länge zusätzlich mit einem Gong **versehen sein,** der nach Ton und Klang nicht mit der Glocke verwechselt werden kann. Die Pfeife, die Glocke und der Gong müssen den Anforderungen der Anlage III[1] entsprechen. Die Glocke oder der Gong oder beide dürfen durch eine andere Einrichtung mit entsprechenden Schalleigenschaften ersetzt werden, sofern die Abgabe der vorgeschriebenen Signale auch von Hand jederzeit möglich ist.
b) **Ein Fahrzeug von weniger als 12 Meter Länge braucht keine Schallsignalanlagen nach Buchstabe a mitzuführen, muss dann aber mit einem anderen Gerät zur Abgabe eines kräftigen Schallsignals versehen sein.**

---

[1] *Vgl. S. 65.*

Regel 34 Manöver- und Warnsignale

a) Haben Fahrzeuge einander in Sicht[1], so muss ein **Maschinenfahrzeug in Fahrt** beim Manövrieren nach diesen Regeln[2] das Manöver durch folgende Pfeifensignale anzeigen:
   - **ein kurzer Ton** mit der Bedeutung **„Ich ändere meinen Kurs nach Steuerbord";** ●
   - **zwei kurze Töne** mit der Bedeutung **„Ich ändere meinen Kurs nach Backbord";** ● ●
   - **drei kurze Töne** mit der Bedeutung **„Ich arbeite rückwärts".** ● ● ●

b) Ein Fahrzeug darf die unter Buchstabe a vorgeschriebenen Pfeifensignale **durch Lichtsignale ergänzen,** die während der Dauer des Manövers, soweit erforderlich, wiederholt werden.
   (i) Diese Lichtsignale haben folgende Bedeutung:
   - ein Blitz: „Ich ändere meinen Kurs nach Steuerbord";
   - zwei Blitze: „Ich ändere meinen Kurs nach Backbord";
   - drei Blitze: „Ich arbeite rückwärts";

   (ii) die Dauer eines Blitzes muss etwa eine Sekunde betragen, die Pause zwischen den Blitzen etwa eine Sekunde und die Pause zwischen aufeinander folgenden Signalen mindestens zehn Sekunden;
   (iii) das für dieses Signal verwendete Licht muss, wenn es geführt wird, ein weißes Rundumlicht sein, das mindestens 5 Seemeilen sichtbar ist und den Bestimmungen der Anlage I entspricht.

c) Haben **Fahrzeuge in einem engen Fahrwasser oder einer Fahrrinne** einander in Sicht, so gilt Folgendes:
   (i) Ein überholendes Fahrzeug muss nach Regel 9 Buchstabe e Ziffer i seine Absicht durch folgende Pfeifensignale anzeigen:
   - **zwei lange Töne und ein kurzer Ton** mit der Bedeutung **„Ich beabsichtige, Sie an Ihrer Steuerbordseite zu überholen";**

     ▬ ▬ ●

   - **zwei lange und zwei kurze Töne** mit der Bedeutung **„Ich beabsichtige, Sie an Ihrer Backbordseite zu überholen".**

     ▬ ▬ ● ●

---

[1] *Vgl. Regel 3 k).*

[2] *Diese Signale sind also nur dann zu geben, wenn manövriert wird, um die Ausweichregeln zu befolgen, nicht aber, wenn ein Manöver aus navigatorischen Gründen eingeleitet wird.*

(ii) Das zu überholende Fahrzeug muss, wenn es nach Regel 9 Buchstabe e Ziffer i handelt, seine Zustimmung durch folgendes Pfeifensignal anzeigen:
– **ein langer, ein kurzer, ein langer, ein kurzer Ton.**

▬ ● ▬ ●

d) Wenn Fahrzeuge in Sicht sich einander nähern und eines aus irgendeinem Grund die Absicht oder die Maßnahmen des anderen **nicht versteht oder zweifelt,** ob das andere zur Vermeidung eines Zusammenstoßes ausreichend manövriert, muss es dies sofort durch **mindestens fünf kurze, rasch aufeinander folgende Pfeifentöne**[3] anzeigen. Dieses Signal darf durch ein Lichtsignal von mindestens fünf kurzen, rasch aufeinander folgenden Blitzen ergänzt werden.

● ● ● ● ●

e) Ein Fahrzeug, das sich einer **Krümmung** oder einem Abschnitt eines Fahrwassers oder einer Fahrrinne nähert, wo andere Fahrzeuge durch ein Sichthindernis verdeckt sein können, muss **einen langen Ton** geben. Jedes sich nähernde Fahrzeug, das dieses Signal jenseits der Krümmung oder des Sichthindernisses hört, muss es mit einem langen Ton beantworten.

▬

f) Sind auf einem Fahrzeug Pfeifen in einem Abstand von mehr als 100 Meter angebracht, so darf nur eine Pfeife zur Abgabe von Manöver- oder Warnsignalen verwendet werden.

---

[3] *Das Kurshaltersignal muss ein Fahrzeug geben, das die Absicht oder die Maßnahmen eines anderen, sich nähernden Fahrzeugs nicht versteht oder zweifelt, ob das andere zur Vermeidung eines Zusammenstoßes ausreichend manövriert. Der Kurshalter muss dieses Schallsignal vor Einleitung des Manövers des vorletzten Augenblicks (Regel 17 a) [ii]) geben (s. S. 16).*
Die deutsche SeeSchStrO kennt außerdem das Achtungssignal, das Allgemeine Gefahr- und Warnsignal sowie das Bleib-weg-Signal.
Das Achtungssignal (▬) ist zu geben, wenn die Verkehrslage es erfordert, insbesondere
– beim Einlaufen in andere Fahrwasser und Häfen,
– beim Auslaufen aus ihnen sowie aus Schleusen,
– beim Verlassen von Liege- und Ankerplätzen.
Das Allgemeine Gefahr- und Warnsignal (▬ ● ● ● ● ▬ ● ● ● ●) ist zu geben, wenn
– ein Fahrzeug ein anderes Fahrzeug gefährdet oder
– durch ein anderes selbst gefährdet wird.
Das Bleib-weg-Signal (● ▬) wird von Fahrzeugen gegeben, auf denen bestimmte gefährliche Güter oder radioaktive Stoffe im Sinn von § 2 Abs. 1 Nr. 16 SeeSchStrO frei werden, frei zu werden drohen oder Explosionsgefahr besteht.

Regel 35 Schallsignale bei verminderter Sicht[1]

Innerhalb oder in der Nähe eines Gebiets mit verminderter Sicht müssen am Tage oder bei Nacht folgende Signale gegeben werden[2]:

a) **Ein Maschinenfahrzeug, das Fahrt durchs Wasser macht,** muss mindestens alle 2 Minuten einen langen Ton geben. ▬

b) Ein **Maschinenfahrzeug in Fahrt, das seine Maschine gestoppt hat und keine Fahrt durchs Wasser macht,** muss mindestens alle 2 Minuten zwei aufeinander folgende lange Töne mit einem Zwischenraum von etwa 2 Sekunden geben. ▬ ▬

c) **Ein manövrierunfähiges Fahrzeug, ein manövrierbehindertes Fahrzeug, ein tiefgangbehindertes Fahrzeug, ein Segelfahrzeug, ein fischendes Fahrzeug und ein Fahrzeug, das ein anderes Fahrzeug schleppt oder schiebt,** müssen anstelle der unter Buchstaben a oder b vorgeschriebenen Signale mindestens alle 2 Minuten drei aufeinander folgende Töne – lang, kurz, kurz – geben. ▬ ● ●

d) **Ein fischendes Fahrzeug vor Anker und ein manövrierbehindertes Fahrzeug,** das bei der Ausführung seiner Arbeiten vor Anker liegt, müssen anstelle der unter Buchstabe g vorgeschriebenen Signale das unter Buchstabe c vorgeschriebene Signal geben.

e) **Ein geschlepptes Fahrzeug** oder das letzte Fahrzeug eines Schleppzuges müssen, wenn bemannt, mindestens alle 2 Minuten vier aufeinander folgende Töne – lang, kurz, kurz, kurz – geben. Dieses Signal muss möglichst unmittelbar nach dem Signal des schleppenden Fahrzeugs gegeben werden. ▬ ● ● ●

f) Sind ein schiebendes und ein geschobenes Fahrzeug miteinander zu einer zusammengesetzten Einheit starr verbunden, so gelten sie als ein Maschinenfahrzeug und müssen die unter Buchstaben a oder b vorgeschriebenen Signale geben.

g) **Ein Fahrzeug vor Anker** muss mindestens jede Minute etwa 5 Sekunden lang die Glocke rasch läuten. Ein Fahrzeug von 100 und mehr Meter Länge muss die Glocke auf dem Vorschiff läuten und unmittelbar danach auf dem Achterschiff etwa 5 Sekunden lang den Gong rasch schlagen. Ein Fahrzeug vor Anker darf außerdem drei aufeinander folgende Töne – kurz, lang, kurz – geben, um einem sich nähernden Fahrzeug seinen Standort anzuzeigen und es vor einem möglichen Zusammenstoß zu warnen.

unter 100 m Länge   über 100 m Länge   ● ▬ ●

[1] Vgl. Regel 3 l). Zum Verhalten bei verminderter Sicht vgl. Regel 19.

[2] Aus der Richtung eines Nebelsignals kann keinesfalls sicher auf den Standort des anderen Fahrzeugs geschlossen werden. Die wahrgenommene Richtung des Signals kann beiderseits bis zu etwa 35° von der Richtung des dazu gehörigen Schiffes abweichen, sodass sich ein Unsicherheitsbereich bis zu 70° ergeben kann.

h) **Ein Fahrzeug auf Grund** muss das Glockensignal und, soweit vorgeschrieben, das Gongsignal nach Buchstabe g geben sowie zusätzlich unmittelbar vor und nach dem raschen Glockenläuten drei scharf voneinander getrennte Glockenschläge. Ein Fahrzeug auf Grund darf zusätzlich ein geeignetes Pfeifensignal geben.

unter 100 m Länge:

über 100 m Länge:

i) **Ein Fahrzeug mit einer Länge von 12 und mehr, aber weniger als 20 Meter muss die unter den Buchstaben g und h vorgeschriebenen Glockensignale nicht geben. Es muss dann allerdings mindestens alle 2 Minuten ein anderes kräftiges Schallsignal geben.**

j) **Ein Fahrzeug von weniger als 12 Meter Länge braucht die oben erwähnten Signale nicht zu geben, muss dann aber mindestens alle 2 Minuten ein anderes kräftiges Schallsignal geben.**

k) **Ein Lotsenfahrzeug** im Lotsdienst darf zusätzlich zu den unter Buchstaben a, b oder g vorgeschriebenen Signalen ein Erkennungssignal von vier kurzen Tönen geben.

Regel 36 Aufmerksamkeitssignale

Ist es erforderlich, die Aufmerksamkeit eines anderen Fahrzeugs zu erregen, so darf ein Fahrzeug Licht- oder Schallsignale geben, die nicht mit anderen Signalen nach diesen Regeln verwechselt werden können; es darf auch seinen Scheinwerfer auf die Gefahr richten, wenn es dadurch andere Fahrzeuge nicht verwirrt. Jedes Licht, das die Aufmerksamkeit eines anderen Fahrzeugs erregen soll, muss so beschaffen sein, dass es nicht mit einem Schifffahrtszeichen verwechselt werden kann. Für die Zwecke dieser Regel ist die Verwendung von hoher Lichtstärke bei unterbrochenen Lichtern oder Drehlichtern, zum Beispiel Lichter mit umlaufender Blendscharte, zu vermeiden.

[1] *Vgl. Anmerkung 1 zu Regel 2.*

Regel 37 Notsignale

Ist ein Fahrzeug in Not und fordert es Hilfe an, so muss es die in Anlage IV[1] beschriebenen Signale benutzen oder zeigen.

[1] *Vgl. S. 68.*

Teil E: Befreiungen

Regel 38 Befreiungen

Ein Fahrzeug (oder eine Fahrzeugklasse), das (die) vor dem Inkrafttreten dieser Regeln auf Kiel gelegt wurde oder sich in einem entsprechenden Bauzustand befand, kann, wenn es (sie) den Vorschriften der Internationalen Regeln von 1960 zur Verhütung von Zusammenstößen auf See entspricht, von der Befolgung der vorliegenden Regeln wie folgt befreit werden:

a) Einbau der Lichter mit den in Regel 22 vorgeschriebenen Tragweiten innerhalb von vier Jahren nach dem Tag des Inkrafttretens dieser Regeln.

b) Einbau der Lichter mit den Farben nach Abschnitt 7 der Anlage I innerhalb von vier Jahren nach dem Tag des Inkrafttretens dieser Regeln.

c) Dauernde Befreiung von der Versetzung der Lichter als Folge des Übergangs von britischen in metrische Maße und deren Abrundung.

d) (i) Dauernde Befreiung von der Versetzung der Topplichter auf Fahrzeugen von weniger als 150 Meter Länge nach den Vorschriften des Abschnitts 3 Buchstabe a der Anlage I.

(ii) Versetzung der Topplichter auf Fahrzeugen von 150 und mehr Meter Länge nach den Vorschriften des Abschnitts 3 Buchstabe a der Anlage I innerhalb von neun Jahren nach dem Tag des Inkrafttretens dieser Regeln.

e) Versetzung der Topplichter nach den Vorschriften des Abschnitts 2 Buchstabe b der Anlage I innerhalb von neun Jahren nach dem Tag des Inkrafttretens dieser Regeln.

f) Versetzung der Seitenlichter nach den Vorschriften des Abschnitts 2 Buchstabe g und des Abschnitts 3 Buchstabe b der Anlage I innerhalb von neun Jahren nach dem Tag des Inkrafttretens dieser Regeln.

g) Vorschriften über Schallsignalanlagen nach Anlage III innerhalb von neun Jahren nach dem Tag des Inkrafttretens dieser Regeln.

h) Dauernde Befreiung von der Versetzung der Rundumlichter nach den Vorschriften des Abschnitts 9 Buchstabe b der Anlage I.

Anlage I: Anordnung und technische Einzelheiten der Lichter und Signalkörper

1. Begriffsbestimmung

Der Ausdruck „Höhe über dem Schiffskörper" bezeichnet die Höhe über dem obersten durchlaufenden Deck. Diese Höhe ist von einem Punkt aus zu messen, der senkrecht unter dem Anbringungsort des Lichts liegt.

2. Senkrechte Anordnung und senkrechter Abstand der Lichter

a) Auf einem Maschinenfahrzeug von 20 und mehr Meter Länge müssen die Topplichter wie folgt angebracht sein:
   (i) das vordere oder gegebenenfalls das einzige Topplicht in einer Höhe von mindestens 6 Meter über dem Schiffskörper; ist das Fahrzeug breiter als 6 Meter in einer der Breite des Fahrzeugs mindestens gleichkommenden Höhe; es braucht jedoch nicht höher als 12 Meter über dem Schiffskörper angebracht zu sein;
   (ii) wenn zwei Topplichter geführt werden, muss das hintere mindestens 4,5 Meter höher als das vordere sein.

b) Der senkrechte Abstand der Topplichter eines Maschinenfahrzeugs muss so groß sein, dass das hintere Topplicht in allen normalen Trimmlagen in 1000 Meter Abstand vom Vorsteven und von der Wasseroberfläche aus über dem vorderen Topplicht und getrennt von ihm gesehen wird.

c) **Das Topplicht eines Maschinenfahrzeugs von mindestens 12 Meter, jedoch weniger als 20 Meter Länge muss in einer Höhe von mindestens 2,5 Meter über dem Schandeckel angebracht sein.**

d) **Ein Maschinenfahrzeug von weniger als 12 Meter Länge darf das oberste Licht in einer Höhe von weniger als 2,5 Meter über dem Schandeckel führen. Werden jedoch ein Topplicht zusätzlich zu den Seitenlichtern und dem Hecklicht oder das Rundumlicht nach Regel 23 Buchstabe c Ziffer i zusätzlich zu den Seitenlichtern geführt, so müssen das Topplicht oder das Rundumlicht mindestens 1 Meter höher als die Seitenlichter geführt werden.**

e) Eines der zwei oder drei für ein Maschinenfahrzeug beim Schleppen oder Schieben eines anderen Fahrzeugs vorgeschriebenen Topplichter muss an derselben Stelle wie das vordere oder das hintere Topplicht angebracht sein; jedoch muss, wenn sie am hinteren Mast geführt werden, das niedrigste hintere Topplicht mindestens 4,5 Meter höher als das vordere Topplicht angebracht sein.

f) (i) **Das Topplicht oder die Topplichter nach Regel 23 Buchstabe a müssen höher angebracht sein als alle anderen Lichter und Sichthindernisse und klar von ihnen sein, sofern nicht unter Ziffer ii etwas anderes bestimmt ist.**
   (ii) Wenn es undurchführbar ist, die in Regel 27 Buchstabe b Ziffer i oder Regel 28 vorgeschriebenen Rundumlichter niedriger als die Topplichter anzubringen, dürfen sie höher als das hintere Topplicht oder die hinteren Topplichter oder

senkrecht zwischen dem vorderen Topplicht oder den vorderen Topplichtern und dem hinteren Topplicht oder den hinteren Topplichtern angebracht werden; jedoch muss in letzterem Fall die Vorschrift des Abschnitts 3 Buchstabe c befolgt werden.

g) Die Seitenlichter eines Maschinenfahrzeugs müssen in einer Höhe über dem Schiffskörper angebracht sein, die drei Viertel der Höhe des vorderen Topplichts nicht überschreitet. Sie dürfen nicht so niedrig angebracht sein, dass sie durch Deckslichter beeinträchtigt werden.

h) **Werden auf einem Maschinenfahrzeug von weniger als 20 Meter Länge die Seitenlichter in einer Zweifarbenlaterne geführt, so muss diese mindestens 1 Meter unter dem Topplicht angebracht sein.**

i) Schreiben die Regeln zwei oder drei Lichter senkrecht übereinander vor, so sind folgende Abstände einzuhalten:
   (i) Auf einem Fahrzeug von 20 und mehr Meter Länge muss der Abstand zwischen diesen Lichtern mindestens 2 Meter betragen, der Abstand des untersten, mit Ausnahme eines vorgeschriebenen Schlepplichts, mindestens 4 Meter vom Schiffskörper;
   (ii) **auf einem Fahrzeug von weniger als 20 Meter Länge muss der Abstand zwischen diesen Lichtern mindestens 1 Meter betragen, der Abstand des untersten, mit Ausnahme eines vorgeschriebenen Schlepplichts, mindestens 2 Meter vom Schandeckel;**
   (iii) werden drei Lichter geführt, so müssen die Abstände gleich sein.

j) Das untere der beiden Rundumlichter, die für ein fischendes Fahrzeug vorgeschrieben sind, muss in einem Abstand über den Seitenlichtern angebracht sein, der mindestens doppelt so groß ist wie sein Abstand vom oberen Licht.

k) Werden zwei Ankerlichter geführt, so muss das in Regel 30 Buchstabe a Ziffer i vorgeschriebene vordere mindestens 4,5 Meter höher als das hintere angebracht sein. Auf einem Fahrzeug von 50 und mehr Meter Länge muss das vordere Ankerlicht mindestens 6 Meter über dem Schiffskörper angebracht sein.

3. Waagerechte Anordnung und waagerechter Abstand der Lichter

a) Sind für ein Maschinenfahrzeug zwei Topplichter vorgeschrieben, so muss ihr waagerechter Abstand mindestens der halben Fahrzeuglänge entsprechen; er braucht jedoch nicht mehr als 100 Meter zu betragen. Das vordere Topplicht darf nicht mehr als ein Viertel der Fahrzeuglänge vom Vorsteven entfernt sein.

b) Auf einem Maschinenfahrzeug von 20 und mehr Meter Länge dürfen die Seitenlichter nicht vor den vorderen Topplichtern angebracht sein. Sie müssen sich an oder nahe der Außenseite des Fahrzeugs befinden.

c) Wenn die in Regel 27 Buchstabe b Ziffer i oder Regel 28 vorgeschriebenen Lichter senkrecht zwischen dem vorderen Topplicht oder den vorderen Topplichtern und dem hinteren Topplicht oder den hinteren Topplichtern angebracht werden, müssen diese Rundumlichter einen waagerechten Abstand von mindestens 2 Meter quer zur Längsachse des Fahrzeugs haben.

d) Ist für ein Maschinenfahrzeug nur ein Topplicht vorgeschrieben, so ist dieses Licht vorlicher als mittschiffs anzubringen; ein Fahrzeug von weniger als 20 Meter Länge braucht dieses Licht jedoch nicht vorlicher als mittschiffs anzubringen, muss es aber möglichst weit vorn führen.

4. Einzelheiten der Anordnung richtungweisender Lichter auf Fischereifahrzeugen und Fahrzeugen, die Bagger- und Unterwasserarbeiten ausführen

a) Das Licht, das auf einem fischenden Fahrzeug nach Regel 26 Buchstabe c Ziffer ii die Richtung des ausgelegten Fanggeräts anzeigt, muss in einem waagerechten Abstand von mindestens 2 Meter und höchstens 6 Meter von dem roten und weißen Rundumlicht angebracht sein. Dieses Licht darf nicht höher als das in Regel 26 Buchstabe c Ziffer i vorgeschriebene weiße Rundumlicht und nicht niedriger als die Seitenlichter angebracht sein.

b) Auf einem Fahrzeug, das baggert oder Unterwasserarbeiten ausführt, müssen die Lichter und Signalkörper, die nach Regel 27 Buchstabe d Ziffern i und ii die behinderte Seite und/oder die Passierseite anzeigen, im größtmöglichen waagerechten Abstand von den Lichtern oder Signalkörpern nach Regel 27 Buchstabe b Ziffern i und ii angebracht sein, jedoch keinesfalls in einem Abstand von weniger als 2 Meter. In keinem Fall darf das obere dieser Lichter oder Signalkörper höher angebracht sein als das untere der drei Lichter oder Signalkörper nach Regel 27 Buchstabe b Ziffern i und ii.

5. Abschirmungen für Seitenlichter

Die Seitenlichter von Schiffen von 20 und mehr Meter Länge müssen an der Binnenbordseite mit mattschwarz gestrichenen Abschirmungen versehen sein und den Vorschriften des Abschnitts 9 entsprechen. **Auf Schiffen von weniger als 20 Meter Länge müssen die Seitenlichter an der Binnenbordseite mit mattschwarz gestrichenen Abschirmungen versehen sein, wenn dies zur Erfüllung der Vorschriften des Abschnitts 9 erforderlich ist.** Eine Zweifarbenlaterne mit vertikaler Glühlampenwendel und sehr schmaler Trennung des grünen und des roten Ausstrahlungsbereichs braucht keine Abschirmungen zu haben.

6. Signalkörper

a) Signalkörper müssen schwarz sein und folgende Abmessungen haben:
   (i) Ein **Ball** muss einen Durchmesser von mindestens 0,6 Meter haben;
   (ii) ein **Kegel** muss eine Grundfläche mit einem Durchmesser von mindestens 0,6 Meter und eine Höhe wie sein Durchmesser haben;
   (iii) ein **Zylinder** muss einen Durchmesser von mindestens 0,6 Meter und eine doppelt so große Höhe wie sein Durchmesser haben;
   (iv) ein **Rhombus** muss aus zwei Kegeln nach Ziffer ii mit einer gemeinsamen Grundfläche bestehen.

b) Der senkrechte Abstand zwischen Signalkörpern muss mindestens 1,5 Meter betragen.

c) **Auf einem Fahrzeug von weniger als 20 Meter Länge dürfen Signalkörper geringerer Abmessungen verwendet werden, die dem Größenverhältnis des Fahrzeugs angemessen sind; die Abstände zwischen ihnen dürfen entsprechend verringert werden.**

7. Bestimmung der Lichtfarben

Die Farbart aller Navigationslichter muss den nachfolgenden Normwerten entsprechen, die innerhalb der Grenzen der Bereiche liegen, die für jede Farbe von der Internationalen Beleuchtungskommission (CIE) in der Farbtafel festgelegt worden sind.
Die Grenzen der einzelnen Farbbereiche werden durch die nachstehend aufgeführten Koordinaten der Eckpunkte bestimmt:

(i) Weiß						
x	0.525	0.525	0.452	0.310	0.310	0.443
y	0.382	0.440	0.440	0.348	0.283	0.382
(ii) Grün						
x	0.028	0.009	0.300	0.203		
y	0.385	0.723	0.511	0.356		
(iii) Rot						
x	0.680	0.660	0.735	0.721		
y	0.320	0.320	0.265	0.259		
(iv) Gelb						
x	0.612	0.618	0.575	0.575		
y	0.382	0.382	0.425	0.406		

8. Lichtstärke

a) Die Mindestlichtstärke wird durch folgende Gleichung bestimmt:

$$I = 3.43 \times 10^6 \times T \times D^2 \times K^{-D}.$$

Darin bezeichnen
I – die Lichtstärke in Candela unter Betriebsbedingungen,
T – den Schwellenwert der Beleuchtungsstärke mit 2×10^{-7} lx,
D – die Tragweite in Seemeilen,
K – den Sichtwert.

K ist für die vorgeschriebenen Lichter 0,8, entsprechend einer meteorologischen Sichtweite von ungefähr 13 Seemeilen.

b) Eine Auswahl von Werten, die nach dieser Gleichung berechnet sind, ist in der folgenden Tabelle wiedergegeben:

Tragweite in Seemeilen D	Lichtstärke in Candela K = 0,8 I
1	0,9
2	4,3
3	12
4	27
5	52
6	94

Anmerkung: Die Höchstlichtstärke der Navigationslichter soll begrenzt sein, um unerwünschte Blendungen zu vermeiden. Dies darf nicht durch eine variable Steuerung der Lichtstärke bewirkt werden.

9. Waagerechte Lichtverteilung

a) (i) Nach recht voraus müssen die auf dem Fahrzeug angebrachten Seitenlichter die vorgeschriebenen Mindestlichtstärken haben. Hier müssen die Lichtstärken in einem Bereich zwischen 1 Grad und 3 Grad außerhalb des vorgeschriebenen Ausstrahlungswinkels auf nahezu Null abfallen.

(ii) Für Heck- und Topplichter und für Seitenlichter 22,5 Grad achterlicher als querab müssen die vorgeschriebenen Mindestlichtstärken über einen Horizontbogen bis zu 5 Grad innerhalb des in Regel 21 vorgeschriebenen Ausstrahlungswinkels erhalten bleiben. Ab 5 Grad innerhalb des vorgeschriebenen Ausstrahlungswinkels darf die Lichtstärke um 50 v. H. bis zu den vorgeschriebenen Grenzen abnehmen; sie muss stetig abnehmen und bei höchstens 5 Grad außerhalb des vorgeschriebenen Ausstrahlungswinkels praktisch Null erreichen.

b) (i) Rundumlichter müssen so angebracht sein, dass sie nicht durch Masten, Stengen oder Bauteile innerhalb eines Ausstrahlungswinkels von mehr als 6 Grad verdeckt werden, ausgenommen Ankerlichter nach Regel 30, deren Anbringung in entsprechender Höhe über dem Schiffskörper unmöglich ist.

(ii) Ist die Einhaltung der Ziffer i durch Führen nur eines Rundumlichts nicht möglich, so sind zwei in geeigneter Weise angebrachte oder abgeschirmte Rundumlichter zu verwenden, sodass sie aus einer Entfernung von einer Seemeile möglichst als ein Licht erscheinen.

10. Senkrechte Lichtverteilung

a) Für die senkrechten Ausstrahlungswinkel angebrachter elektrisch betriebener Lichter muss, ausgenommen bei den Lichtern von Segelfahrzeugen in Fahrt, sichergestellt sein, dass
   (i) die vorgeschriebene Mindestlichtstärke mindestens im Bereich von 5 Grad über bis 5 Grad unter der Horizontalebene erhalten bleibt;
   (ii) mindestens 60 v. H. der vorgeschriebenen Mindestlichtstärke im Bereich von 7,5 Grad über bis 7,5 Grad unter der Horizontalebene erhalten bleiben.

b) **Auf Segelfahrzeugen in Fahrt muss für die senkrechten Ausstrahlungswinkel angebrachter elektrisch betriebener Lichter sichergestellt sein, dass**
   (i) **die vorgeschriebene Mindestlichtstärke mindestens im Bereich von 5 Grad über bis 5 Grad unter der Horizontalebene erhalten bleibt;**
   (ii) **mindestens 50 v. H. der vorgeschriebenen Mindestlichtstärke im Bereich von 25 Grad über bis 25 Grad unter der Horizontalebene erhalten bleiben.**

c) Für nicht elektrisch betriebene Lichter müssen diese Anforderungen soweit wie möglich erfüllt werden.

11. Lichtstärke nicht elektrisch betriebener Lichter[1]

Nicht elektrisch betriebene Lichter müssen soweit wie möglich die Mindestlichtstärken erreichen, die in der Tabelle in Abschnitt 8 angegeben sind.

12. Manöverlichter

Ungeachtet der Bestimmungen des Abschnitts 2 Buchstabe f muss das in Regel 34 Buchstabe b beschriebene Manöverlicht über derselben Längsachse wie das Topplicht oder die Topplichter angebracht sein, und zwar, wenn möglich, mindestens 2 Meter senkrecht über dem vorderen Topplicht, jedoch mindestens 2 Meter höher oder niedriger als das hintere Topplicht. Auf einem Fahrzeug mit nur einem Topplicht muss das Manöverlicht, falls vorhanden, dort angebracht sein, wo es am besten gesehen werden kann, jedoch mindestens 2 Meter höher oder niedriger als das Topplicht.

---

[1] *Nicht elektrisch betriebene Lichter dürfen nur auf Fahrzeugen unter Ruder oder Segel von weniger als 20 m Länge geführt werden, auf denen keine ausreichende Stromquelle vorhanden ist. Dies gilt für Fahrzeuge, die berechtigt sind, die deutsche Flagge zu führen (§ 9 Abs. 2 SeeSchStrO).*

13. Hochgeschwindigkeitsfahrzeuge

a) Das Topplicht eines Hochgeschwindigkeitsfahrzeugs kann in niedrigerer Höhe im Verhältnis zur Breite des Fahrzeugs angebracht werden, als unter Abschnitt 2 Buchstabe a Ziffer i vorgeschrieben; allerdings darf der Basiswinkel des gleichschenkligen Dreiecks, das durch die Seitenlichter und das Topplicht gebildet wird, in Vorderansicht nicht weniger als 27 Grad betragen.

b) Bei Hochgeschwindigkeitsfahrzeugen von 50 und mehr Meter Länge kann der in Abschnitt 2 Buchstabe a Ziffer ii vorgeschriebene senkrechte Abstand zwischen Fockmast- und Hauptmastlicht von 4,5 Metern verändert werden, sofern ein solcher Abstand nicht unter dem durch die folgende Formel ermittelten Wert liegt:

$$y = \frac{(a + 17\psi)C}{1000} + 2$$

Dabei gilt:

y ist die Höhe des Hauptmastlichts über dem Fockmastlicht in Meter;
a ist die Höhe des Fockmastlichts über der Wasseroberfläche unter Betriebsbedingungen in Meter;
ψ ist der Trimm unter Betriebsbedingungen in Grad;
C ist der waagerechte Abstand der Topplichter in Meter.

14. Genehmigung

Die Konstruktion der Laternen und Signalkörper sowie die Anbringung der Lichter an Bord müssen den Anforderungen der zuständigen Behörde[1] des Staates entsprechen, dessen Flagge das Fahrzeug zu führen berechtigt ist[2].

[1] *In Deutschland das Bundesamt für Seeschifffahrt und Hydrographie (BSH).*
[2] *Vgl. Anm. 1 zu § 2 VO zu den Internationalen Regeln von 1972 auf S. 71.*

Anlage II: Zusatzsignale für nahe beieinander fischende Fahrzeuge

1. Allgemeines

Die hier aufgeführten Lichter müssen, wenn sie in Übereinstimmung mit Regel 26 Buchstabe d gezeigt werden, dort angebracht sein, wo sie am besten gesehen werden können. Sie müssen mindestens 0,9 Meter voneinander entfernt sein, jedoch niedriger als die Lichter nach Regel 26 Buchstabe b Ziffer i und Buchstabe c Ziffer i. Die Lichter müssen über den ganzen Horizont in einer Entfernung von mindestens 1 Seemeile sichtbar sein, jedoch in einer geringeren Entfernung als die in diesen Regeln für fischende Fahrzeuge vorgeschriebenen Lichter.

2. Signale für Trawler

a) Fahrzeuge von 20 oder mehr Meter Länge zeigen **beim Trawlen,** gleichviel ob mit pelagischen Netzen oder mit Grundschleppnetzen,
   - (i) **beim Ausbringen der Netze:** zwei weiße Lichter senkrecht übereinander;
   - (ii) **beim Einholen der Netze:** ein weißes Licht senkrecht über einem roten Licht;
   - (iii) **wenn das Netz an einem Hindernis hakt:** zwei rote Lichter senkrecht übereinander.

b) Jedes Fahrzeug von 20 oder mehr Meter Länge, das **im Gespann trawlt,** zeigt
   - (i) bei Nacht ein **Scheinwerferlicht,** das voraus und zum anderen Fahrzeug des Gespanns gerichtet wird;
   - (ii) **beim Ausbringen oder Einholen ihrer Netze** oder wenn ihre Netze an einem Hindernis haken, die unter Nummer 2 Buchstabe a vorgeschriebenen Lichter.

c) Ein Fahrzeug von weniger als 20 Meter Länge darf beim Trawlen, gleichviel ob es ein pelagisches Netz oder ein Grundschleppnetz verwendet oder im Gespann trawlt, die nach den Buchstaben a oder b vorgeschriebenen Lichter führen.

3. Signale für die Fischerei mit Ringwaden

Fahrzeuge, die mit **Ringwaden**[1] fischen, dürfen **zwei gelbe Lichter** senkrecht übereinander zeigen. Diese Lichter müssen abwechselnd jede Sekunde derart blinken, dass das obere an ist, wenn das untere aus ist und umgekehrt. Diese Lichter dürfen nur gezeigt werden, solange das Fahrzeug durch sein Fanggerät behindert ist.

---

[1] *Ringwaden sind kreisförmig ausgebrachte Netze, vgl. die Abbildung auf S. 43.*

Anlage III: Technische Einzelheiten der Schallsignalanlagen

1. Pfeifen

a) **Frequenzen und Reichweite**
Die Grundfrequenz des Signals muss im Bereich von 70–700 Hz liegen. Die Reichweite eines Pfeifensignals muss aus denjenigen Frequenzen bestimmt werden, welche die Grundfrequenz oder eine oder mehrere höhere Frequenzen einschließen können, die im Bereich von 180–700 Hz (± 1 v. H.) für ein Schiff von 20 und mehr Meter Länge oder von 180–2100 Hz (± 1 v. H.) für ein Schiff von weniger als 20 Meter Länge liegen und die unter Buchstabe c angegebenen Schalldruckpegel erreichen.

b) **Grenzen der Grundfrequenzen**
Um eine große Mannigfaltigkeit von Pfeifenmerkmalen sicherzustellen, muss die Grundfrequenz einer Pfeife zwischen folgenden Grenzen liegen:
(i) 70–200 Hz für ein Schiff von 200 und mehr Meter Länge;
(ii) 130–350 Hz für ein Schiff von mindestens 75, aber weniger als 200 Meter Länge;
(iii) 250–700 Hz für ein Schiff von weniger als 75 Meter Länge.

c) **Intensität und Reichweite des Schallsignals**
Eine Pfeife auf einem Schiff muss in Richtung der maximalen Intensität und in 1 Meter Abstand von der Pfeife in mindestens einem Terzband des Frequenzbereichs von 180–700 Hz (± 1 v. H.) bei Schiffen von 20 und mehr Meter Länge oder von 180–2100 Hz (± 1 v. H.) bei Schiffen von weniger als 20 Meter Länge mindestens einen Schalldruckpegel von dem zugehörigen Zahlenwert der folgenden Tabelle erreichen:

Schiffslänge in Meter	Terzbandpegel in 1 Meter Abstand in dB, bezogen auf 2 x 10-5 N/m²	Reichweite in Seemeilen
200 und mehr	143	2
mindestens 75, aber weniger als 200	138	1,5
mindestens 20, aber weniger als 75	130	1
weniger als 20	120[1] 115[2] 111[3]	0,5

[1] Wenn die gemessenen Frequenzen innerhalb des Bereichs von 180–450 Hz liegen
[2] Wenn die gemessenen Frequenzen innerhalb des Bereichs von 400–800 Hz liegen
[3] Wenn die gemessenen Frequenzen innerhalb des Bereichs von 800–2100 Hz liegen

d) **Richteigenschaften**
Der Schalldruckpegel einer gerichtet aussendenden Pfeife darf in jeder Richtung der Horizontalebene innerhalb von ± 45 Grad zur Achse nicht mehr als 4 dB unter dem vorgeschriebenen Schalldruckpegel in Achsrichtung liegen. Der Schalldruckpegel in jeder anderen Richtung der Horizontalebene darf nicht mehr als 10 dB unter dem vorgeschriebenen Schalldruckpegel in Achsrichtung liegen, sodass die Reichweite in jeder Richtung mindestens gleich der halben Reichweite in Achsrichtung ist. Der Schalldruckpegel muss in demjenigen Terzband gemessen werden, das die Reichweite bestimmt.

e) **Anordnung der Pfeifen**
Wenn eine gerichtet aussendende Pfeife als einzige Pfeife auf einem Schiff verwendet wird, muss sie so angebracht werden, dass ihre höchste Intensität voraus gerichtet ist.
Eine Pfeife muss so hoch wie möglich auf dem Schiff angebracht werden, um die Beeinträchtigung des ausgesandten Schalls durch Hindernisse zu verhindern und die Gefahr von Hörschäden für das Personal auf ein Mindestmaß zu beschränken. Der Schalldruckpegel des eigenen Signals des Schiffes darf an den Beobachtungsstellen 110 dB (A) nicht überschreiten und soll nach Möglichkeit 100 dB (A) nicht überschreiten.

f) **Ausrüstung mit mehr als einer Pfeife**
Sind auf einem Schiff Pfeifen in einem Abstand von mehr als 100 Meter angebracht, so ist sicherzustellen, dass sie nicht gleichzeitig tönen können.

g) **Kombinierte Pfeifensysteme**
Wenn infolge von Hindernissen das Schallfeld einer einzigen Pfeife oder einer der unter Buchstabe f erwähnten Pfeifen wahrscheinlich eine Zone stark verminderten Signalpegels aufweist, wird ein kombiniertes Pfeifensystem empfohlen, um dieser Verminderung zu begegnen. Im Sinne der Regeln ist ein kombiniertes Pfeifensystem als eine einzige Pfeife anzusehen. Die Pfeifen eines kombinierten Systems sind in einem Abstand von höchstens 100 Meter anzubringen und müssen gleichzeitig zum Tönen gebracht werden können. Die Frequenz jeder einzelnen Pfeife muss sich von den anderen um mindestens 10 Hz unterscheiden.

2. Glocke oder Gong

a) **Intensität des Signals**
Eine Glocke, ein Gong oder eine andere Vorrichtung mit ähnlichen Schalleigenschaften muss in 1 Meter Abstand einen Schalldruckpegel von mindestens 110 dB erzeugen.

b) **Konstruktion**
Glocken und Gongs müssen aus korrosionsfestem Material hergestellt werden und einen klaren Ton abgeben. Der Durchmesser des Glockenmundes muss für Schiffe von 20 und mehr Meter Länge mindestens 30 Zentimeter betragen. Wo es möglich ist, soll ein mechanisch angetriebener Glockenklöppel verwendet werden, um eine konstante Kraft sicherzustellen, doch muss in jedem Fall auch Handbetrieb möglich sein. Die Klöppelmasse darf nicht weniger als 3 v. H. der Glockenmasse betragen.

3. Genehmigung

Die Konstruktion von Schallsignalanlagen, ihre Ausführung und die Anbringung an Bord müssen den Anforderungen der zuständigen Behörde[1] des Staates entsprechen, dessen Flagge das Fahrzeug zu führen berechtigt ist[2].

[1] *In Deutschland das Bundesamt für Seeschifffahrt und Hydrographie (BSH).*
[2] *Vgl. Anm. 1 zu § 2 VO zu den Internationalen Regeln von 1972 auf S. 71.*

Anlage IV: Notzeichen

1. **Die folgenden Signale, die zusammen oder einzeln verwendet oder gezeigt werden, bedeuten Not und die Notwendigkeit der Hilfe:**
   a) **Kanonenschüsse oder andere Knallsignale in Zwischenräumen von ungefähr 1 Minute;**
   b) **anhaltendes Ertönen eines Nebelsignalgeräts;**
   c) **Raketen oder Leuchtkugeln mit roten Sternen einzeln in kurzen Zwischenräumen;**
   d) **das durch eine beliebige Signalart gegebene Morsesignal (SOS);**

   ● ● ● ▬ ▬ ▬ ● ● ●

   e) **das Sprechfunksignal aus dem gesprochenen Wort „Mayday"[1];**
   f) **das Notzeichen NC des Internationalen Signalbuchs;**
   g) **ein Signal aus einer viereckigen Flagge, darüber oder darunter ein Ball oder etwas, das einem Ball ähnlich sieht;**
   h) **Flammensignale auf dem Fahrzeug, z. B. brennende Teertonnen, Öltonnen oder dergleichen;**
   i) **eine rote Fallschirm-Leuchtrakete oder eine rote Handfackel;**
   j) **ein Rauchsignal mit orangefarbenem Rauch;**
   k) **langsames und wiederholtes Heben und Senken der nach beiden Seiten ausgestreckten Arme;**
   l) **ein Notalarm über das Digitale Selektivrufsystem (DSC), der ausgesandt wird auf:**
      (i) **UKW-Kanal 70 oder**
      (ii) **den GW-/KW-Frequenzen 2187,5 kHz, 8414,5 kHz, 4207,5 kHz, 6312 kHz, 12577 kHz oder 16804,5 kHz;**
   m) **ein Notalarm Schiff-Land, der über die Inmarsat-Anlage des Schiffs oder eine Schiffs-Erdfunkstelle eines anderen mobilen Satellitendienstanbieters übermittelt wird;**
   n) **von einer Seenotfunkboje ausgestrahlte Funksignale;**
   o) **zugelassene Signale, die über Funksysteme einschließlich Radartransponder auf Überlebensfahrzeugen übermittelt werden.**

2. **Die oben genannten Signale dürfen nur verwendet oder gezeigt werden, wenn Not und die Notwendigkeit der Hilfe vorliegen; die Verwendung von Signalen, die mit diesen Signalen verwechselt werden können, ist verboten.**

---

[1] *„Mayday" ist eine phonetische Umschreibung von franz. „Venez m'aider!" = „Kommt mir helfen!"*

3. Auf die betreffenden Abschnitte des Internationalen Signalbuchs, des Internationalen Handbuchs für die luftgestützte und maritime Suche und Rettung, Band III, und auf folgende Signale wird hingewiesen:

a) **ein Stück orangefarbenes Segeltuch mit einem schwarzen Quadrat oder Kreis** oder mit einem anderen entsprechenden Zeichen (zur Erkennung aus der Luft);

b) **ein Seewasserfärber.**

Verordnung
zu den Internationalen Regeln von 1972
zur Verhütung von Zusammenstößen auf See

**vom 13. Juni 1977 (BGBl. I S. 813),
zuletzt geändert durch Artikel 22 des
Gesetzes vom 13. Oktober 2016 (BGBl. I S. 2258).**

Aufgrund des § 9 Abs. 1 Satz 1 Nr. 1, 2 und 4 des Gesetzes über die Aufgaben des Bundes auf dem Gebiet der Seeschifffahrt vom 24. Mai 1965 (BGBl. II S. 833), geändert durch Artikel 2 des Gesetzes zu dem Übereinkommen vom 20. Oktober 1972 über die Internationalen Regeln zur Verhütung von Zusammenstößen auf See vom 29. Juni 1976 (BGBl. II S. 1017), und des § 36 Abs. 3 des Gesetzes über Ordnungswidrigkeiten, wird verordnet:

§ 1 Inkraftsetzung der Internationalen Regeln

Die Internationalen Regeln zur Verhütung von Zusammenstößen auf See, die dem Übereinkommen von 1972 (BGBl. 1976 II S. 1023) beigefügt und zuletzt durch Beschluss der 25. Vollversammlung der Internationalen Seeschifffahrts-Organisation (IMO) in London vom 25. November 2007 geändert worden sind, im folgenden als „Internationale Regeln" bezeichnet, sind in der aus der Anlage ersichtlichen deutschen Übersetzung nach Maßgabe der folgenden Vorschriften anzuwenden.

§ 2 Geltungsbereich

(1) **Diese Verordnung gilt**

1. **auf den Seeschifffahrtsstraßen und in den an ihnen gelegenen öffentlichen bundeseigenen Häfen sowie im übrigen deutschen Küstenmeer,**
2. **für Schiffe, die berechtigt sind, die Bundesflagge zu führen**[1]**, seewärts der Begrenzung des Küstenmeeres der Bundesrepublik Deutschland, soweit nicht in Hoheitsgewässern anderer Staaten abweichende Regelungen gelten.**

(2) **Im Geltungsbereich der Verordnung nach Absatz 1 Nr. 1 gelten auch die Seeschifffahrtsstraßen-Ordnung** in der Fassung der Bekanntmachung vom 22. Oktober 1998 (BGBl. I S. 3209, 1999 I S. 193), zuletzt geändert durch die Achte Schiffssicherheitsanpassungsverordnung vom 28. Juni 2006 (BGBl. 2006 S. 1417), **und die Verordnung zur Einführung der Schifffahrtsordnung Emsmündung** vom 8. August 1989 (BGBl. I S. 1583), zuletzt geändert durch Artikel 3 der Verordnung vom 28. Juni 2006 (BGBl. 2006 S. 1417), in ihrer jeweils geltenden Fassung **sowie die Schifffahrtsordnung Emsmündung** (Anlage A zu dem deutsch-niederländischen Abkommen vom

[1] Berechtigt und verpflichtet zum Führen der Bundesflagge sind aufgrund des Flaggenrechtsgesetzes alle Seeschiffe, deren Eigentümer Deutsche mit Wohnsitz im Geltungsbereich des Grundgesetzes sind. Seeschiffe deutscher Eigentümer mit Wohnsitz im Ausland dürfen und müssen die Bundesflagge nur führen, wenn sie im Schiffsregister eingetragen sind. Ein Verstoß gegen die Flaggenführungspflicht beim Einlaufen in einen Hafen und beim Auslaufen kann als Ordnungswidrigkeit geahndet werden.
„Seeschiffe" im Sinn des Flaggenrechtsgesetzes sind „Schiffe, die zur Seefahrt bestimmt sind". Hierunter fallen auch seegehende Sportboote. Ist ein Sportfahrzeug, das nur gelegentlich im Küstengebiet fährt, nicht zur Seefahrt bestimmt, so unterliegt es nicht der Flaggenführungspflicht. Doch kann bereits die Absicht, die Seegrenze passieren zu wollen, jedes Schiff zum Seeschiff machen.

22. Dezember 1986 über die Schifffahrtsordnung in der Emsmündung (BGBl. 2001 II S. 1049) in der jeweils für die Bundesrepublik Deutschland geltenden Fassung. **Soweit diese abweichende Vorschriften enthalten, gehen diese den Internationalen Regeln als Sondervorschriften im Sinne der Regel 1 Buchstabe b der Internationalen Regeln vor.**

(3) Abweichend von Absatz 1 gilt § 7 dieser Verordnung in den nach § 11 der Seeanlagenverordnung in der deutschen ausschließlichen Wirtschaftszone von der zuständigen Genehmigungsbehörde eingerichteten Sicherheitszonen auch für Schiffe unter ausländischer Flagge.

§ 3 Grundregeln für das Verhalten im Verkehr

(1) **Jeder Verkehrsteilnehmer hat sich so zu verhalten, dass die Sicherheit und Leichtigkeit des Verkehrs gewährleistet ist und dass kein Anderer geschädigt, gefährdet oder mehr, als nach den Umständen unvermeidbar, behindert oder belästigt wird. Er hat insbesondere die Vorsichtsmaßregeln zu beachten, die Seemannsbrauch oder besondere Umstände des Falles erfordern.**

(2) **Zur Abwehr einer unmittelbar drohenden Gefahr müssen unter Berücksichtigung der besonderen Umstände auch dann alle erforderlichen Maßnahmen ergriffen werden, wenn diese ein Abweichen von den Vorschriften dieser Verordnung notwendig machen.**

(3) **Wer infolge körperlicher oder geistiger Mängel oder des Genusses alkoholischer Getränke oder anderer berauschender Mittel in der sicheren Führung eines Fahrzeugs oder in der sicheren Ausübung einer anderen Tätigkeit des Brücken-, Decks- oder Maschinendienstes behindert ist, darf ein Fahrzeug nicht führen oder als Mitglied der Schiffsbesatzung eine andere Tätigkeit des Brücken-, Decks- oder Maschinendienstes nicht ausüben.**

(4) **Wer 0,25 mg/l oder mehr Alkohol in der Atemluft oder 0,5 Promille oder mehr Alkohol im Blut oder eine Alkoholmenge im Körper hat, die zu einer solchen Atem- oder Blutalkoholkonzentration führt, darf ein Fahrzeug nicht führen oder als Mitglied der Schiffsbesatzung eine andere Tätigkeit des Brücken-, Decks- oder Maschinendienstes nicht ausüben.**

(5) Der Schiffsführer eines Fahrgastschiffs oder eines Fahrbeschränkungen und Fahrverboten nach § 30 Abs. 1 der Seeschifffahrtsstraßen-Ordnung unterliegenden Fahrzeugs darf in der Dienstzeit während der Fahrt alkoholische Getränke nicht zu sich nehmen oder bei Dienstantritt nicht unter der Wirkung solcher Getränke stehen. In Ruhezeiten und sonstigen Erholungszeiten an Bord darf der Schiffsführer alkoholische Getränke zu sich nehmen, wenn sichergestellt ist, dass er bei der Übernahme sicherheitsrelevanter Aufgaben nicht mehr unter der Wirkung solcher Getränke steht. Satz 1 gilt für die im Brückendienst eingesetzten Mitglieder der Schiffsbesatzung entsprechend.

§ 4 Verantwortlichkeit

(1) **Der Fahrzeugführer und jeder sonst für die Sicherheit Verantwortliche haben die Vorschriften dieser Verordnung über das Verhalten im Verkehr und über die Ausrüstung der Fahrzeuge mit Einrichtungen für das Führen und Zeigen von Lichtern und Signalkörpern und das Geben von Schallsignalen zu befolgen.** Auf Binnenschiffen ist neben dem Fahrzeugführer hierfür auch jedes Mitglied der Besatzung verantwortlich, das vorübergehend selbstständig den Kurs und die Geschwindigkeit des Fahrzeugs bestimmt.

(2) Verantwortlich ist auch der Seelotse; er hat den Fahrzeugführer oder dessen Vertreter so zu beraten, dass sie die Vorschriften dieser Verordnung befolgen können.

(3) Bei Schub- und Schleppverbänden ist unbeschadet der Vorschrift des Absatzes 1 der Führer des Verbandes für dessen sichere Führung verantwortlich. Führer des Verbandes ist der Führer des Schleppers oder des Schubschiffes; die Führer der beteiligten Fahrzeuge können vor Antritt der Fahrt auch einen anderen Fahrzeugführer als Führer des Verbandes bestimmen.

(4) **Steht der Fahrzeugführer nicht fest und sind mehrere Personen zur Führung eines Fahrzeugs berechtigt, so haben sie vor Antritt der Fahrt zu bestimmen, wer verantwortlicher Fahrzeugführer ist.**

(5) Die Verantwortlichkeit anderer Personen, die sich aus dieser Verordnung oder sonstigen Vorschriften ergibt, bleibt unberührt.

§ 5 Fahrzeuge des öffentlichen Dienstes

Fahrzeuge des öffentlichen Dienstes sind von den Vorschriften dieser Verordnung befreit, soweit dies zur Erfüllung hoheitlicher Aufgaben unter Berücksichtigung der öffentlichen Sicherheit und Ordnung dringend geboten ist. Satz 1 gilt für Fahrzeuge der Deutschen Gesellschaft zur Rettung Schiffbrüchiger, soweit diese Maßnahmen des Such- und Rettungsdienstes in Seenotfällen nach § 1 Nr. 7 des Seeaufgabengesetzes durchführen, entsprechend.

§ 6 Verkehrstrennungsgebiete

(1) Verkehrstrennungsgebiete sind Schifffahrtswege, die durch Trennlinien oder Trennzonen oder anderweitig in Einbahnwege geteilt sind, auf denen jeweils **nur in Fahrtrichtung rechts der Trennlinie oder Trennzone gefahren werden darf.**

(2) Regel 10 der Internationalen Regeln gilt für die Verkehrstrennungsgebiete, die von der Internationalen Seeschifffahrts-Organisation (IMO) angenommen und in den Nachrichten für Seefahrer (Amtliche Veröffentlichung für die Seeschifffahrt des Bundesamtes für Seeschifffahrt und Hydrographie) bekanntgemacht worden sind.

§ 7 Sicherheitszonen

(1) **Sicherheitszonen sind Wasserflächen, die sich in einem Abstand von 500 Meter, gemessen von jedem Punkt des äußeren Rands, um Anlagen oder sonstige Vorrichtungen zur wissenschaftlichen Meeresforschung oder Erforschung oder Ausbeutung von Naturschätzen erstrecken.** Die nach § 53 des Windenergie-auf-See-Gesetzes oder nach § 11 der Seeanlagenverordnung von der zuständigen Genehmigungsbehörde eingerichteten Sicherheitszonen gelten als Sicherheitszonen im Sinne dieser Verordnung.

(2) **Sicherheitszonen dürfen nicht befahren werden;** dies gilt nicht für Fahrzeuge, die für die Versorgung der Anlagen oder Vorrichtungen eingesetzt sind sowie vorbehaltlich des Absatzes 3 für Fahrzeuge, deren Rumpflänge 24 Meter nicht übersteigt oder die vom Befahrensverbot befreit sind.

(3) Die Generaldirektion Wasserstraßen und Schifffahrt kann durch Allgemeinverfügung nach § 35 Satz 2 des Verwaltungsverfahrensgesetzes oder im Einzelfall Einzelheiten des Befahrensverbotes regeln und Befreiungen vom Befahrensverbot auch mit Auflagen oder Bedingungen, bei Sicherheitszonen nach § 11 der Seeanlagenverordnung im Einvernehmen mit dem Bundesamt für Seeschifffahrt und Hydrographie, zulassen, soweit dies mit den Anforderungen der Sicherheit und Leichtigkeit des Verkehrs vereinbar ist. Sie legt ferner nach den in Satz 1 genannten Voraussetzungen und Verfahren die Bedingungen für die **Befreiung vom Befahrensverbot für Fahrzeuge, deren Rumpflänge 24 Meter nicht übersteigt,** fest. Die insoweit erlassenen Allgemeinverfügungen werden nach Maßgabe von § 60 Abs. 1 der Seeschifffahrtsstraßen-Ordnung und von § 12 der Seeanlagenverordnung bekannt gemacht.

§ 7a Auskunft und Ersuchen

(1) Wird der Fahrzeugführer eines Schiffs, das sich in der ausschließlichen Wirtschaftszone oder dem Küstenmeer eines anderen Staates befindet, von den Behörden dieses Staates mit der Begründung, dass er gegen anwendbare internationale Regeln und Normen zur Verhütung, Verringerung und Überwachung der Verschmutzung durch Schiffe verstoßen habe, ersucht, Angaben über die Identität und den Registerhafen, den letzten oder nächsten Anlaufhafen seines Schiffes und andere sachdienliche Angaben zu machen, die erforderlich sind, um festzustellen, ob ein Verstoß erfolgt ist, so hat er diesem Ersuchen nachzukommen.

(2) Wird der Fahrzeugführer eines Schiffs im Küstenmeer anderer Staaten, die mit einem oder mehreren anderen Staaten für das Einlaufen in ihre Häfen oder inneren Gewässer oder für das Anlegen an ihren vor der Küste liegenden Umschlagplätzen gemeinsame Bedingungen zur Verhütung, Verringerung und Überwachung der Verschmutzung der Meeresumwelt erlassen haben, von den Behörden des Küstenstaates ersucht, Auskunft darüber zu geben,

ob das Schiff zu einem Staat derselben Region, der an der gemeinsamen Regelung beteiligt ist, weiterfährt und gegebenenfalls die von diesem Staat für das Anlaufen in seine Häfen festgelegten Bedingungen erfüllt, so hat er diesem Ersuchen nachzukommen.

(3) Das Bundesministerium für Verkehr macht die in Absatz 2 genannten Staaten in den Nachrichten für Seefahrer (Amtliche Veröffentlichung für die Seeschifffahrt des Bundesamtes für Seeschifffahrt und Hydrographie) bekannt.

§ 8 Überwachung, Befreiung

(1) Für die Überwachung der Vorschriften dieser Verordnung sind die Strom- und Schifffahrtspolizeibehörden nach Maßgabe des § 55 der Seeschifffahrtsstraßen-Ordnung zuständig; § 5 Abs. 1 Satz 2 Nr. 2 und § 6 Abs. 1 des Seeaufgabengesetzes bleiben unberührt.

(2) Die Strom- und Schifffahrtspolizeibehörden können von den Vorschriften dieser Verordnung im Einzelfall befreien, soweit dies nach den Internationalen Regeln zulässig ist.

§ 8a Verweisungen

Soweit in anderen Vorschriften auf die „Seestraßenordnung" verwiesen wird, treten an deren Stelle die „Internationalen Regeln von 1972 zur Verhütung von Zusammenstößen auf See".

§ 8b Verwendung von Lichtern, Signalkörpern und Schallsignalanlagen

(1) Fahrzeuge, die zur Führung der Bundesflagge berechtigt sind[1], dürfen

1. **zur Führung von Lichtern und Signalkörpern** nach den Kollisionsverhütungsregeln **nur solche verwenden,** deren Konstruktion und Anbringung den Anforderungen der Anlage I zu den Kollisionsverhütungsregeln entspricht und **die vom Bundesamt für Seeschifffahrt und Hydrographie zugelassen sind,**
2. **zum Geben von Schallsignalen** nach den Kollisionsverhütungsregeln **nur solche Schallsignalanlagen verwenden,** deren Konstruktion, Ausführung und Anbringung den Anforderungen der Anlage III zu den Kollisionsverhütungsregeln entspricht und **die vom Bundesamt für Seeschifffahrt und Hydrographie zugelassen sind.**

§ 6 Abs. 4 der Seeschifffahrtsstraßen-Ordnung gilt entsprechend.

(2) Hat ein Fahrzeug vor dem Erwerb des Rechts zur Führung der Bundesflagge eine andere Nationalflagge geführt, so dürfen abweichend von Absatz 1 auch von einem anderen Vertragsstaat der Internationalen Regeln nach diesen Regeln zugelassene Lichter, Signalkörper und Schallsignalanlagen geführt werden, sofern die Anforderungen der Anlagen I und III der Internationalen

[1] *Vgl. Anm. 1 zu § 2 auf S. 71.*

Regeln erfüllt sind. Satz 1 gilt nicht für Sportboote im Sinne des § 2 Nr. 1 der See-Sportbootverordnung vom 29. August 2002 (BGBl. I S. 3457).

(3) Für die Baumusterzulassung, die Wirksamkeit und die Instandsetzung der Lichter, Signalkörper und Schallsignalanlagen gilt Abschnitt D Nr. 10 der Anlage zum Schiffssicherheitsgesetz in der jeweils geltenden Fassung.

§ 9 Ordnungswidrigkeiten

(1) Ordnungswidrig im Sinne des § 15 Abs. 1 Nr. 2 des Seeaufgabengesetzes handelt, wer vorsätzlich oder fahrlässig

1. entgegen § 3 Abs. 1 Satz 1 sich nicht so verhält, dass kein Anderer geschädigt, gefährdet oder mehr, als nach den Umständen unvermeidbar, behindert oder belästigt wird,
2. entgegen § 3 Abs. 3 ein Fahrzeug führt oder eine andere Tätigkeit des Brücken-, Decks- oder Maschinendienstes ausübt, obwohl er infolge körperlicher oder geistiger Mängel oder des Genusses alkoholischer Getränke oder anderer berauschender Mittel in der sicheren Führung des Fahrzeugs oder in der sicheren Ausübung der Tätigkeiten des Brücken-, Decks- oder Maschinendienstes behindert ist,

2a. entgegen § 3 Abs. 4 ein Fahrzeug führt oder eine andere Tätigkeit des Brücken-, Decks- oder Maschinendienstes ausübt, obwohl er 0,25 mg/l oder mehr Alkohol in der Atemluft oder 0,5 Promille oder mehr Alkohol im Blut oder eine Alkoholmenge im Körper hat, die zu einer solchen Atem- oder Blutalkoholkonzentration führt,

2b. entgegen § 3 Abs. 5 während der Fahrt alkoholische Getränke zu sich nimmt oder bei Dienstantritt unter der Wirkung solcher Getränke steht,

3. als Seelotse entgegen § 4 Abs. 2 den Fahrzeugführer oder dessen Vertreter nicht oder nicht ausreichend berät,
4. entgegen § 4 Abs. 4 den verantwortlichen Fahrzeugführer nicht bestimmt,
5. entgegen § 7 Abs. 2 Sicherheitszonen befährt,
6. entgegen Regel 5 der Internationalen Regeln nicht für gehörigen Ausguck sorgt,
7. entgegen Regel 6 nicht mit einer sicheren Geschwindigkeit fährt,
8. gegen eine Vorschrift der Regel 7 über die Feststellung der Möglichkeit der Gefahr eines Zusammenstoßes verstößt, insbesondere eine vorhandene und betriebsfähige Radaranlage nicht gehörig gebraucht,
9. einer Vorschrift der Regel 8 über Manöver zur Vermeidung von Zusammenstößen zuwiderhandelt,
10. gegen eine Vorschrift der Regel 9 über das Verhalten in engen Fahrwassern verstößt,
11. einer Vorschrift der Regel 10 in Verbindung mit § 6 über das Verhalten im Bereich von Verkehrstrennungsgebieten und über das Befahren von Küstenverkehrszonen zuwiderhandelt,
12. einer Vorschrift der Regel 12 über das Ausweichen von Segelfahrzeugen untereinander zuwiderhandelt,

13. gegen eine Vorschrift der Regel 13 über das Ausweichen beim Überholen verstößt,
14. entgegen Regel 14 bei entgegengesetzten oder fast entgegengesetzten Kursen nicht seinen Kurs nach Steuerbord so ändert, dass die Fahrzeuge einander an Backbordseite passieren,
15. entgegen Regel 15 bei kreuzenden Kursen nicht ausweicht,
16. entgegen Regel 16 als Ausweichpflichtiger nicht frühzeitig und durchgreifend handelt, um sich gut klarzuhalten,
17. gegen eine Vorschrift der Regel 17 über das Verhalten als Kurshalter verstößt,
18. einer Vorschrift der Regel 18 über das Ausweichen oder die Pflicht, nicht die sichere Durchfahrt eines tiefgangbehinderten Fahrzeugs zu behindern oder als tiefgangbehindertes Fahrzeug mit besonderer Vorsicht zu navigieren, zuwiderhandelt,
19. gegen eine Vorschrift der Regel 19 über das Verhalten von Fahrzeugen bei verminderter Sicht verstößt,
20. einer Vorschrift der Regel 20 Buchstaben a bis d, der Regeln 23 bis 27 oder der Regeln 29 bis 31 über das Führen oder Zeigen von Lichtern oder Signalkörpern oder das Zurhandhalten und Zeigen von elektrischen Lampen oder Laternen zuwiderhandelt,
21. entgegen Regel 20 Buchstabe e Lichter oder Signalkörper führt oder zeigt, die nicht den Bestimmungen der Anlage I entsprechen,
22. gegen eine Vorschrift der Regel 22 über die Verwendung von Lichtern mit den vorgeschriebenen Mindesttragweiten verstößt,
23. entgegen Regel 33 nicht die vorgeschriebenen Schallsignalanlagen oder anderen Geräte zur Abgabe eines Schallsignals mitführt oder Schallsignalanlagen mitführt, die nicht den Bestimmungen der Anlage III entsprechen,
24. einer Vorschrift der Regel 34 oder 35 über die Abgabe von Schall- oder Lichtsignalen zuwiderhandelt,
25. entgegen Regel 36 Aufmerksamkeitssignale abgibt, die mit anderen Signalen oder Schifffahrtszeichen verwechselt werden können, oder den Scheinwerfer auf eine Gefahr richtet, wenn dadurch andere Fahrzeuge verwirrt werden,
26. entgegen Regel 37 bei Hilfeanforderungen im Notfall nicht die in der Anlage IV beschriebenen Notzeichen benutzt oder zeigt oder
27. entgegen Anlage IV Nr. 2 der Internationalen Regeln Notzeichen verwendet oder zeigt, obwohl ein Notfall nicht vorliegt, oder Signale verwendet, die mit den Notzeichen verwechselt werden können.

(2) Die Zuständigkeit für die Verfolgung und Ahndung von Ordnungswidrigkeiten nach Absatz 1 wird auf die Generaldirektion Wasserstraßen und Schifffahrt übertragen.

§ 10 Inkrafttreten, Aufhebung von Vorschriften

Die Verordnung tritt am 15. Juli 1977 in Kraft.

Sichtzeichen für kleine Fahrzeuge nach den KVR und der SeeSchStrO

Fahrzeug	< 20 m
unter Segel	Seitenlichter in Zweifarbenlaterne Hecklicht oder: Dreifarbenlaterne evtl. rotes über grünem Rundumlicht, aber nicht in Verbindung mit der Dreifarbenlaterne (alle 2 sm)
unter Motor	Topplicht (3 sm), min. 2,50 m über dem Schandeck Seitenlichter (2 sm) oder Zweifarbenlaterne (2 sm) Hecklicht (2 sm) Motorkegel, falls zugleich unter Segel
manövrierunfähig manövrierbehindert	2 rote Rundumlichter (tagsüber 2 Bälle) übereinander 3 Rundumlichter Rot-Weiß-Rot (tagsüber Ball-Rhombus-Ball) übereinander
vor Anker	Ankerlicht (2 sm) Ankerball
auf Grund	Grundsitzerlichter (2 sm) Grundsitzerbälle

Der magenta gesetzte Text gibt die Abweichungen der SeeSchStrO gegenüber den KVR wieder, die Zahlen in Klammern die Mindesttragweiten der Laternen.

< 12 m	< 7 m
Seitenlichter in Zweifarbenlaterne (1 sm) Hecklicht (2 sm) oder: Dreifarbenlaterne	Falls Laternen nicht fest montierbar: weiße Leuchte zur Hand halten.
Falls Laternen nicht fest montierbar: festes weißes Rundumlicht (2 sm). Falls auch diese Laterne nicht fest montierbar: Fahrverbot bei Nacht und verminderter Sicht, außer bei einem Notstand. Für diesen Fall weiße Leuchte ständig gebrauchsfertig mitführen und rechtzeitig zeigen.	
Topplicht (2 sm), mindestens 1 m über den Seitenlichtern Seitenlichter (1 sm) oder Zweifarbenlaterne (1 sm) Hecklicht (2 sm) oder: weißes Rundumlicht (2 sm) statt Topplicht und Hecklicht Motorkegel, falls zugleich unter Segel	Rundumlicht (2 sm) evtl. Seitenlichter (1 sm) Motorkegel, falls zugleich unter Segel Falls Lichter nicht fest montierbar: Fahrverbot bei Nacht und verminderter Sicht, außer bei einem Notstand. Für diesen Fall weiße Leuchte ständig gebrauchsfertig mitführen und rechtzeitig zeigen.
Bei Taucherarbeiten: Flagge „A" des Internationalen Signalbuchs bzw. rotes über weißem über rotem Rundumlicht. Darüber hinaus sind keine Lichter bzw. Tagzeichen für manövrierunfähige bzw. -behinderte Fahrzeuge nötig.	
Ankerlicht (2 sm) Ankerball	Ankerball und -licht nur in engem Fahrwasser etc. nötig.
Kein Ankerball und -licht auf bekannt gemachten Anker- und Liegestellen nötig.	
Grundsitzerlichter und -bälle brauchen nicht geführt zu werden.	

Das nationale Betonnungssystem der Seeschifffahrtsstraßen-Ordnung gemäß Anlage I (Schifffahrtszeichen)

Die Betonnung auf dem deutschen Küstenmeer ist in der *Seeschifffahrtsstraßen-Ordnung* festgelegt. Sie beruht auf den Empfehlungen des maritimen Betonnungssystems des *Internationalen Verbandes der Schifffahrtszeichen-Verwaltungen (International Association of Marine Aids to Navigation and Lighthouse Authorities – IALA).* Das System kennt folgende fünf Arten von maritimen Schifffahrtszeichen:

- laterale Zeichen
- kardinale Zeichen
- Einzelgefahr-Zeichen
- Mitte-Schifffahrtsweg-Zeichen
- Sonderzeichen

Weltweit gibt es die Betonnungsregionen „A“ und „B“. Beide Regionen weichen nur in der Anwendung der lateralen Zeichen voneinander ab, während die übrigen vier Zeichen einheitlich eingesetzt werden.
Die **Betonnungsregion A,** zu der die Gewässer Europas, Afrikas, Asiens (außer Japan, Südkorea und den Philippinen) und Australiens gehören, verwendet **„Rot an Backbord“.** In den Gewässern Nord-, Mittel- und Südamerikas, Japans, Südkoreas und in den Philippinen gilt die Betonnungsregion B mit „Rot an Steuerbord“.
Siehe hierzu Karte auf S. 88.

Auf den folgenden Seiten wird das nationale deutsche Betonnungssystem der *Seeschifffahrtsstraßen-Ordnung gemäß Anlage I (Schifffahrtszeichen)* wiedergegeben.

Fahrwasserseiten (laterale Zeichen)

Laterale Zeichen bezeichnen die Stb- und Bb-Seite eines Schifffahrtsweges. Die **Bezeichnungsrichtung** wird durch die Hauptrichtung einer Hafenzufahrt festgelegt: Ein von See her kommendes (= einlaufendes) Fahrzeug hat an seiner Stb-Seite die Stb-Seite des Schifffahrtsweges und an seiner Bb-Seite die Bb-Seite des Schifffahrtsweges. Sind die Seiten eines Schifffahrtsweges auf diese Weise nicht eindeutig festzulegen, so verläuft die Bezeichnungsrichtung im Prinzip im Uhrzeigersinn um die Landmassen herum. Sie wird dann von den zuständigen Seezeichenbehörden festgelegt.

An der **Bb-Seite** verwendet man:
- rote Stumpf-, Leucht-, Spierentonnen, Stangen oder Pricken (ohne Farbe)
- mit rotem Zylinder als Toppzeichen, wenn erforderlich (Stangen immer mit), und, wenn vorhanden,
- rotem Licht beliebiger Kennung.
- Beschriftung (wenn vorhanden): fortlaufende gerade Nummern.

An der **Stb-Seite** verwendet man:
- grüne Spitz-, Leuchttonnen oder Stangen
- mit grünem Kegel, Spitze oben, als Toppzeichen, wenn erforderlich (Stangen immer mit), und, wenn vorhanden,
- grünem Licht beliebiger Kennung.
- Beschriftung (wenn vorhanden): fortlaufende ungerade Nummern.

Abzweigende oder einmündende Fahrwasser sind wie folgt bezeichnet:

An der **Bb-Seite des durchgehenden Fahrwassers** (= Stb-Seite des abzweigenden oder einmündenden Fahrwassers) verwendet man
- rote Stumpf-, Leucht-, Spierentonnen oder Stangen mit waagerechtem, grünem Band,
- mit rotem Zylinder als Toppzeichen und, wenn vorhanden,
- rotem Fl (2+1)/Blz. (2+1).

An der **Stb-Seite des durchgehenden Fahrwassers** (= Bb-Seite des abzweigenden oder einmündenden Fahrwassers) verwendet man
- grüne Spitz-, Leuchttonnen oder Stangen mit waagerechtem, rotem Band,
- mit grünem Kegel, Spitze oben, als Toppzeichen und, wenn vorhanden,
- grünem Fl (2+1)/Blz. (2+1).

Laterale Zeichen

Backbordseite

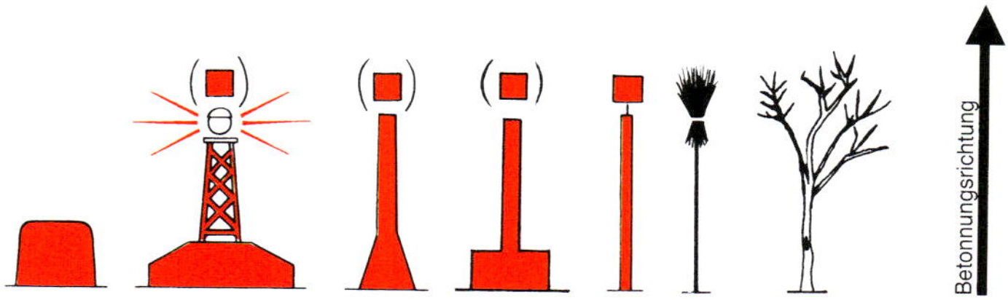

Farbe: *rot*
Form: *Stumpf-, Leucht-, Spierentonne, Stange oder Pricke*
Toppzeichen *(wenn erforderlich): roter Zylinder oder Besen aufwärts;*
Stangen immer mit Toppzeichen
Feuer *(wenn vorhanden): Farbe: rot;*
Kennung: Fl/Blz., Fl(2)/Blz.(2), Oc(2)/Ubr.(2), Oc(3)/Ubr.(3), Q/Fkl., IQ/Fkl. unt. oder Iso/Glt.

Steuerbordseite

Farbe: *grün*
Form: *Spitz-, Leuchttonne oder Stange*
Toppzeichen *(wenn erforderlich): grüner Kegel, Spitze oben, oder Besen abwärts;*
Stangen immer mit Toppzeichen
Feuer *(wenn vorhanden): Farbe: grün;*
Kennung: Fl/Blz., Fl(2)/Blz.(2), Oc(2)/Ubr.(2), Oc(3)/Ubr.(3), Q/Fkl., IQ/Fkl. unt. oder Iso/Glt.

Abzweigende/einmündende Fahrwasser

Bb-Seite des durchgehenden/Stb-Seite des abzweigenden oder einmündenden Fahrwassers

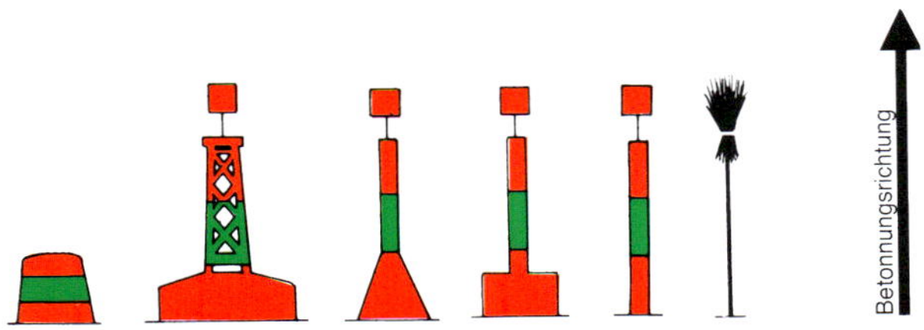

Farbe: *rot mit waagerechtem, grünem Band*
Form: *Stumpf-, Leucht-, Spierentonne oder Stange*
Toppzeichen: *roter Zylinder oder Besen aufwärts*
Feuer *(wenn vorhanden): Farbe: rot; Kennung: Fl (2+1) / Blz. (2+1)*

Stb-Seite des durchgehenden/Bb-Seite des abzweigenden oder einmündenden Fahrwassers

Farbe: *grün mit waagerechtem, rotem Band*
Form: *Spitz-, Leuchttonne oder Stange*
Toppzeichen: *grüner Kegel, Spitze oben oder Besen abwärts*
Feuer *(wenn vorhanden): Farbe: grün; Kennung: Fl (2+1) / Blz. (2+1)*

Allgemeine Gefahrenstelle (kardinale Zeichen)

Kardinale Zeichen zeigen an, in welcher Richtung die günstigste Passierseite einer Gefahrenstelle oder eines Hindernisses liegt. Sie werden auch verwendet, um die Aufmerksamkeit auf einen Punkt innerhalb eines Schifffahrtsweges zu lenken, wie z. B. auf eine Krümmung, eine Abzweigung, eine Vereinigung oder das Ende einer Untiefe.
Das Gebiet um die Gefahrenstelle wird in vier Quadranten aufgeteilt, in den Nord-, Ost-, Süd- und Westquadranten, in denen die kardinalen Zeichen liegen. Oft werden nicht alle Quadranten, sondern nur die für die Großschifffahrt wichtigen gekennzeichnet.
Die kardinalen Zeichen sind immer mit einer Kombination von weißen Blitzen befeuert, und zwar grundsätzlich durch Funkelfeuer (Q/Fkl.) mit 50 bzw. 60 Blitzen pro Minute oder durch schnelles Funkelfeuer (VQ/SFkl.) mit 100 bzw. 120 Blitzen pro Minute. Die Quadranten sind folgendermaßen gekennzeichnet:

Nordquadrant:
- schwarz über gelb gestreifte Leucht-, Baken-, Spierentonne oder Stange
- mit zwei schwarzen Kegeln, Spitzen oben, als Toppzeichen und, wenn vorhanden,
- weißem VQ/SFkl. oder Q/Fkl.

Ostquadrant:
- schwarze Leucht-, Baken-, Spierentonne oder Stange mit breitem, waagerechtem, gelbem Band,
- mit zwei schwarzen Kegeln, Spitzen voneinander, als Toppzeichen und, wenn vorhanden,
- weißem VQ (3)/SFkl. (3) oder Q (3)/Fkl. (3).

Südquadrant:
- gelb über schwarz gestreifte Leucht-, Baken-, Spierentonne oder Stange
- mit zwei schwarzen Kegeln, Spitzen unten, als Toppzeichen und, wenn vorhanden,
- weißem VQ (6) + LFl/SFkl. (6) + Blk. oder Q (6) + LFl/Fkl. (6) + Blk.

Westquadrant:
- gelbe Leucht-, Baken-, Spierentonne oder Stange mit breitem, waagerechtem, schwarzem Band,
- mit zwei schwarzen Kegeln, Spitzen zueinander, als Toppzeichen und, wenn vorhanden,
- weißem VQ (9)/SFkl. (9) oder Q (9)/Fkl. (9).

Kardinale Zeichen

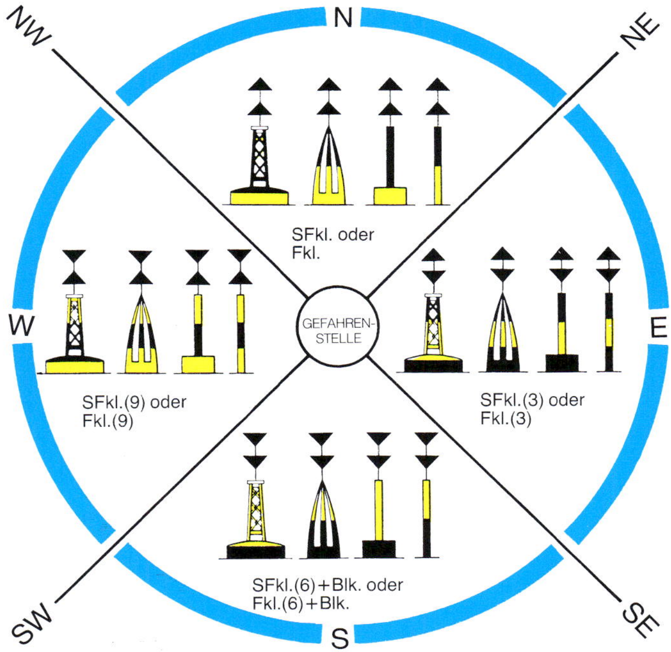

Merkregeln:
1. Die Spitzen der Toppzeichen geben an, wo sich der schwarze Tonnenanstrich befindet.
2. Das Konzept der Befeuerung von 3, 6 oder 9 schnellen Funkelblitzen folgt dem Zifferblatt einer Uhr: Im Ostquadranten = 3, im Südquadranten = 6 und im Westquadranten = 9 schnelle Funkelblitze.
   Der zusätzliche Blink von mindestens 2 Sekunden Dauer im Südquadranten soll die Unterscheidung erleichtern und anzeigen, dass man es nicht mit einer Funkelgruppe von 3 oder 9 zu tun hat.

Einzelgefahrenstelle

Die Gefahrenstelle kann an allen Seiten passiert werden. Man verwendet
- schwarze Leucht-, Baken-, Spierentonnen oder Stangen mit einem breiten waagerechten roten Band
- mit zwei schwarzen Bällen übereinander als Toppzeichen und, wenn vorhanden,
- weißem Fl (2)/Blz. (2).
- Beschriftung (wenn vorhanden): Name der Gefahrenstelle.

Zufahrt zu Fahrwassern und Mitte von Schifffahrtswegen

Zufahrten zu Fahrwassern von See aus sowie die Mitte von Schifffahrtswegen werden – sofern nicht durch Feuerschiffe, Großtonnen, Baken, Molen usw. erkennbar – wie folgt gekennzeichnet:
- rot-weiß senkrecht gestreifte Kugel-, Leucht-, Spierentonnen oder Stangen (ggf. ohne Farbe)
- mit einem roten Ball als Toppzeichen, wenn erforderlich (Spierentonnen und Stangen immer mit), und, wenn vorhanden,
- weißem Iso/Glt. oder Oc/Ubr.

Besondere Gebiete und Stellen

Die Bedeutung besonderer Gebiete und Stellen ist den Seekarten oder anderen nautischen Veröffentlichungen zu entnehmen und ggf. auch aus der Beschriftung des Zeichens zu erkennen. Man verwendet
- gelbe Tonnen beliebiger Form
- mit einem gelben liegenden Kreuz als Toppzeichen, wenn erforderlich, und, wenn vorhanden,
- gelbem Fl/Blz., Oc (2)/Ubr. (2) oder Oc (3)/Ubr. (3).

Neue Gefahrenstellen

Bezeichnung wie allgemeine Gefahrenstellen oder Einzelgefahrenstellen, jedoch wegen besonderer Umstände mindestens ein Sichtzeichen doppelt und ggf. mit einer Radarantwortbake mit der Kennung „D“ (*„Danger“*) versehen.

Einzelgefahrenstelle

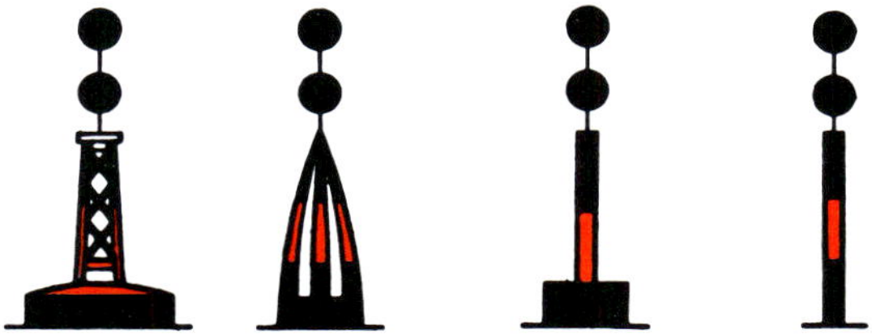

Farbe: *schwarz mit einem breiten waagerechten roten Band*
Form: *Leucht-, Baken-, Spierentonne oder Stange*
Toppzeichen: *zwei schwarze Bälle übereinander*
Feuer *(wenn vorhanden): Farbe: weiß; Kennung: Fl (2) / Blz. (2)*

Kennzeichnung der Zufahrt zu Fahrwassern und der Mitte von Schifffahrtswegen

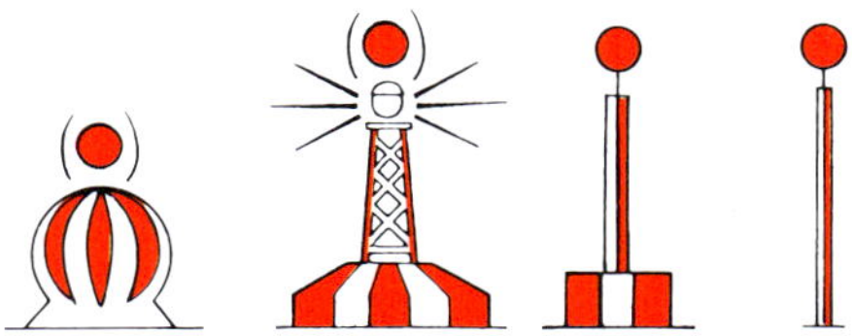

Farbe: *rote und weiße senkrechte Streifen*
Form: *Kugel-, Leucht-, Spierentonne oder Stange*
Toppzeichen *(wenn vorhanden): roter Ball*
(Spierentonnen und Stangen sind immer mit Toppzeichen versehen)
Feuer *(wenn vorhanden): Farbe: weiß; Kennung: Iso / Glt. oder Oc / Ubr.*

Kennzeichnung besonderer Gebiete und Stellen

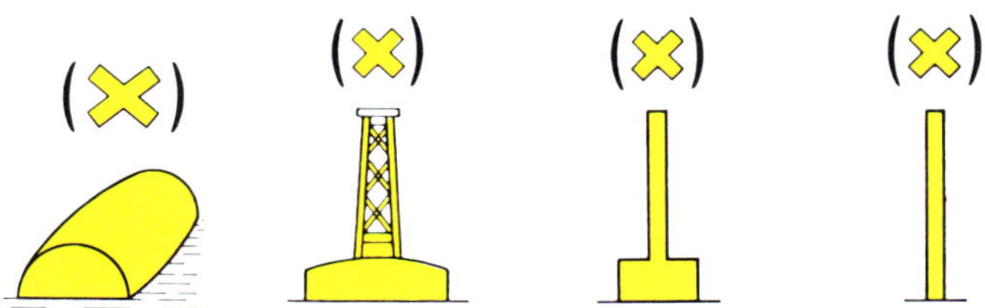

Farbe: *gelb*
Form: *beliebig, vorzugsweise Faß-, Leucht-, Spierentonne oder Stange*
Toppzeichen *(wenn vorhanden): gelbes liegendes Kreuz*
Feuer *(wenn vorhanden): Farbe: gelb; Kennung: Fl/Blz., Oc(2)/Ubr.(2) oder Oc(3)/Ubr.(3)*

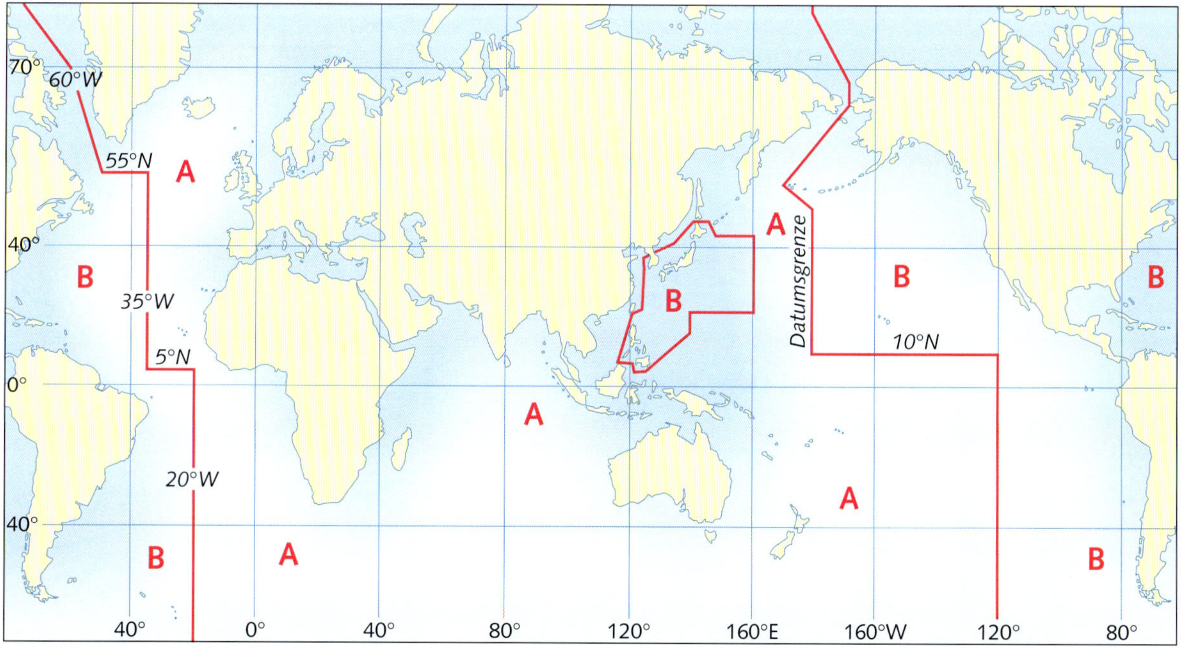

Die **Betonnungsregion A** (Rot an Backbord)
gilt in den Gewässern Europas, Afrikas, Asiens (ohne Japan, Südkorea und den Philippinen) und Australiens.
Die **Betonnungsregion B** (Rot an Steuerbord)
gilt in den Gewässern Nord-, Mittel- und Südamerikas sowie in Japan, Südkorea und in den Philippinen.